起業家の経営革命ノート

TKP式成長メソッドの秘密

株式会社ティーケーピー
代表取締役社長
河野貴輝 著

ダイヤモンド社

はじめに

２０１７年3月27日、株式会社ティーケーピー（以下、ＴＫＰ）は東証マザーズ上場を果たしました。その１か月後にＴＫＰガーデンシティ品川で開催された記念レセプションでは、これまでお世話になってきた取引先をはじめ、政財界の方々、全国６か所の中継会場も含めて２０００名をお招きし、創業から13年目の再スタートを切ったのです。

私が、一人で「貸会議室」という小さなビジネスを始めたのが２００５年８月。32歳の頃でした。あれから12年もの歳月が過ぎました。それから小さく始めたビジネスは多くの仲間を得て、新たなマーケットをつくり、ＴＫＰは〝業界ナンバーワン企業〟へと成長を遂げました。その間、「ＴＫＰ＝私自身」という一心で、世の中に役立つ会社を育てることを目指してきました。

上場のチャンスは何度か巡ってきましたが、当初、私は上場しないことを方針にしていました。ＴＫＰは私自身だという思い、そして、私の考えるままに会社を育て上げていきたいという想いが強かったのです。

しかし、もっと成長したいと思うに至り、世界で戦いたいという想いがＴＫＰの次なるビジョンとして湧き上がってきました。これからのＴＫＰは、成長拡大の第２フェーズに入り、上場はその足場づくりとなります。ここから、世界のＴＫＰとしての躍進が始まります。

本書は、起業を考えている方、あるいはいまのビジネスを成長させたいと考えているビジネスマンや若手経営者の方々に向けて、ＴＫＰを〝業界ナンバーワン企業〟に押し上げた起業と成長の哲学をお伝えしています。

タイトルを『起業家の経営革命ノート』としたのは、私自身が起業当初から常に経営や新規ビジネスのアイデアをノートに綴り、そこに書いたものがＴＫＰのビジネスの原点となっているからです。

ノートは自分で考えて、書くという能動的なアクションが必要です。ぜひ、いまの自分に当てはめるならばどう使えるか、自分の業界やビジネスならどう応用できるかを考えながら読み進めていただきたいと思います。

起業とは、未知の可能性を信じること。そして、会社経営とは最高の**自己実現法**なのです。そうした志を持つ人が増えることが、これからの日本を元気にするものと思います。本書が、皆様方のビジネスにおけるチャレンジの一助になれば幸いです。

起業家の経営革命ノート［目次］

第1章【原点】経営マインドを育てて、会社に頼らない生き方を実現する

第2章【起業】小さく生んで大きく育てる ビジネスを立ち上げる

第3章【成長】「信用力・資金調達力・ブランド力」のエンジンを磨く

第4章【変化対応力】
変わり続けることが、企業の生命線を握る

第5章【未来】まだ見ぬ世界の新しい価値をクリエイトせよ

第1章【原点】

経営マインドを育てて、会社に頼らない生き方を実現する

「世の中の仕組み」を考える着眼力を鍛える

世の中の仕組みを知ろうと思ったら、いま、**世の中に当たり前に存在するものを疑ってみる**ことです。あるいは、疑問を抱いてみることです。

私は子どもの頃から、やたら知りたがりの少年でした。家庭でよく食べる卵がニワトリの卵だということは、当たり前に誰もが知っています。でも、卵からニワトリに育った過程まで見たことがある人は、いまの日本にどれだけいるでしょうか。

卵がニワトリになるのは本当だろうか……。そう思った小学生の私は、母に頼んで買ってきてもらった有精卵を湯たんぽで温めました。3週間ほど続けたとき、コツコツと殻を内側から叩く音がして見事に5羽のひよこが誕生。孵化に成功したのです。

また、豆腐が大豆からできていることを不思議に思い、大豆から豆腐づくりに挑戦したこともあります。あるときは自動販売機の仕組みが面白くて、自分で自動販売機をつくってみました。１００円を入れると光センサーが反応して、ガチャンとガムが落ちる仕組みです。これは家族にも好評で、私もお小遣いが増えてホクホクでした。残念ながら、２日目からの売上げはゼロでしたが……。

そんな探究心（？）旺盛だった私ですが、獣医にも科学者にもならずに、経営者になりました。それはなぜか？　たぶん「仕組みを知る」ことから始まった私の探究心は、**自分で「仕組みをつくる」ことをしてみたくなった**からだと思います。

仕組みを考えることは、そんなにむずかしいことではありません。それは身近な世の中の〝当たり前〟に疑問を持つことから始まります。それに対して「〇〇だったらいいのに」というアイデアが、実はすべてのビジネスの始まりであり、世の中の仕組みを変えるきっかけとなるのです。ただ、こうした着眼は簡単なようでいて、日々を漫然と過ごしている限り、なかなか見つかりません。

日常の当たり前を当たり前として流さず、**自分の視点で見て、自分の頭で考えてみる。**

そこから、ビジネスの芽は生まれるのです。

ビジネスは机上から生まれない。ヒントは目の前にある

全国に13万席超の会議室やボールルームを展開するティーケーピー（略称TKP）の原点になったのは、取り壊しの決まっていたビルのたった2フロアの空間からでした。

私の仕事人生は、大学卒業後、伊藤忠商事の為替証券部に入社し、ディーラーになることから始まりました。部内では1兆円ほどの資金を動かしており、一人で億単位の取引をすることもザラ。一晩のうちに数億円もの損失を出したり、儲けたりするようなジェットコースターのような仕事でスリリングな毎日を送っていました。

そして20代も半ばになる頃、世の中には金融自由化の波とインターネットの波が押し寄せていました。そこで、私は同社の新規事業として日本オンライン証券（現・カブドット

コム証券）、イーバンク銀行（現・楽天銀行）の立ち上げに参画したのです。イーバンク銀行を立ち上げたときは、金融当局から銀行免許を取得するために莫大な資金が必要でした。そこで、私は各業界のナンバーワン企業のトップにアプローチして、ネット銀行の可能性を説いて回り、80億円近い出資金を集めることに奔走したのです。

金融とＩＴの世界にどっぷりと浸かっていた私が、会社を辞めることを決めたのが２００５年、32歳の頃でした。未来は白紙でした。時は、ＩＴバブルの真っ只中。ライブドアや楽天が急成長して、新興企業が新興市場で株式公開するのが流行りでした。

そんな狂乱の最中、私はもっと現実《リアル》に即したビジネスをやりたいと考えていました。ＩＴもいいけれど、**実体のあるビジネスで実績を積み上げていきたい、そして、インフラを活用したビジネスをやりたい**と強く思ったのです。しかし、インフラビジネスには大きな資本が必要です。会社というバックボーンのない私は、ニッチなところで勝負をかけるしかありません。それを育てていき、いつかメインストリームになるようなビジネスに育て上げていきたいと考えていました。

その頃、私の頭にあったのは「不動産の有効活用」でした。不動産を軸に展開できるインフラ的なビジネスはないか。そう考えて、あてどなく街を歩いていたとき、気がついたら六本木にたどり着いていました。目の前には、六本木ヒルズがそびえ立っていました。当時、ヤフー、ゴールドマン・サックス証券といった有名企業が入っていて、夜中も明かりが煌々《こうこう》と輝いていました。ここにオフィスを構えようとすると、坪単価4万円は下らない一等地です。

そして、旧防衛庁跡地に向かうと、先ほどの華々しいオフィスビルとは対照的に真っ暗でした。やがてそこはミッドタウンとなる再開発地域として、周辺ビルの立ち退きを進めている最中だったのです。その暗闇の中に古いビルが何軒か残っていました。

ある古い3階建ての小さなビルに至っては1階のレストランだけが営業していて、2階から上は真っ暗でした。同じ六本木で目と鼻の先にあるのに、かたや坪単価4万円、かたやゼロ円で何も生まない――この格差を何か商売にできないだろうかと私は考えました。オーナーに連絡を取ってみると「1階のレストランが立ち退くまで取り壊しができない。それまで、2階と3階を何かに使ってもらえないだろうか」と持ちかけられたのです。

こうして借りたのが、TKP第1号の会議室だったのです。六本木駅から徒歩3分。2階、3階の各20坪を借り上げて、家賃は40坪で20万円と、相場の3分の1でした。

3階は、近くで工事をやっている建築会社が仮設事務所として借り手になりました。家賃は25万円とし、敷金・礼金なしの代わりに、3か月前に通告したら出ていってもらう条件です。月5万円の利益が出て、2階が〝無料〟になりました。

さて、次は2階をどう活用するかです。通告を受けたら出ていかなければならないので、一般的なオフィスや店舗としては、まず借り手はつかないでしょう。「できるとしたら、時間貸しぐらいかな」と私は考えました。この時点で、私に「貸会議室」がビジネスになるという確信があったわけではありません。限られた条件でできることは、貸会議室くらいだと考え、とりあえず実際に試してみたのです。それが、のちのちのTKPの成功へとつながっていくことになります。

ビジネスのヒントは、どこに転がっているかわかりません。

起業スクールに通ったり、ありとあらゆるビジネス書を読み漁ったからといって、閃《ひらめ》くものでもないと思います。むしろ、私は**この世の中こそが大きな勉強の場であり、ビジネ**

スのヒントは自分の身近なところにあると考えています。

大切なのは、まず大まかなビジネスの目標や方向性を自分の中で明確にしてマインドセットすること。あとは、意識的に世の中を広く見渡すことです。すると**無意識のオートパイロット**が働いて、目に見える世界から必要なものを拾い上げる第六感が働きます。ビジネスのヒントは、実は身近にいくらでもあります。それに気づくか、気づかないか、そして行動に起こすか起こさないかの違いだけなのです。

「体験」の積み重ねから質の高いアウトプットは生まれる

インプットがなければ、アウトプットはない――これはパフォーマンスや閃きの大原則です。

アウトプットの質を高めたかったら、常に刺激的な環境に自分を置くことだと私は考えています。つまりは、**リアルな体験こそが本物のインプットになる**のです。

しかし、世の中は、リアルよりバーチャルの比重がますます増しています。

インターネットやテレビを通じて、世界のどこかの知らない街の風景やそこで暮らす人の姿、街の移り変わりをいとも簡単に見ることができてしまうのです。

２０１６年８月５日、ブラジルのリオデジャネイロで第31回夏季オリンピックが開催されましたが、私はあの開会式の場にいました。ブラジルの歴史を伝えるパフォーマンスが披露され、２０７の国と地域から参加した選手団が次々入場して、聖火を点灯する様子をこの目で見ました。

しかし、たぶん日本でアナウンサーの実況を聞きながらテレビを見ていたほうが、あの会場で何が起きていたかをつぶさに見ることができたと思います。

テレビの旅番組を見ていてもそうです。きちんと効率よく名所や絶景スポットを押さえているのだから、自分がふらりと出かけるよりも、画面を通してのほうがより多くのものを見ることができるでしょう。

しかし、画面を通してではわかり得ないものがひとつあります。

それは、その場の空気感です。リオ・オリンピックは歴史的な大祭典でしたが、率直な感想として私が感じたのは「オリンピックってこんなものか」という等身大のスケール感でした。画面はなんとなくの臨場感を伝えてはくれますが、それは本当の臨場感ではありません。実際よりも盛り上がっているように撮ったり、実物よりよく見せることだって可能なのです。

次は2020年、東京オリンピックが控えています。TKPの貸会議室やボールルームでは、これからオリンピックに向けてのさまざまな式典や壮行会、パーティー、会議などが開かれていきますから、まずは先行事例として、リオの会場や街をこの目で見ておく必要がありました。

外国人旅行客の客層、新しい建造物、会場のオペレーションなど、テレビには映らない場も多く目の当たりにして、東京オリンピックに向けてTKPが準備すべきこと、TKPが貢献できることをある程度明確にして、帰途に着くことができました。

ビジネスをするうえでは、この現場感覚が大事です。現場感覚が、時にはビジネスの行方を決める生命線にすらなることがあります。インプットにあやふやな情報が紛れ込んでしまうと、アウトプットが迷走し、質の高いアウトプットにはなりません。

インターネットや本から集められる二次情報は、事実の氷山の一角にすぎません。それだけの情報で、すべてをわかったような気にならないことが大切なのです。

また、同じ情報を得るにしても、五感を通じてリアルに体験するのと、テレビや人を介して得る二次情報とでは、量と質、さらにそこから得られるインスピレーションが圧倒的に異なります。**自分の目と耳で体験すること**――これがインプットの基本なのです。

自分で意思決定できる仕事を増やしていく

為替証券のディーリングの世界は、決断、決断、そしてまた決断の連続です。たとえば、1億円の株式を取引するとき、いちいち上司にお伺いを立てたり、社内会議にかけたり、稟議書を回したり、悠長なことをしている時間的な余裕がないのです。

しかも、私がいた伊藤忠商事の為替証券部というところは、「やって学べ方式」で誰も手とり足とり教えてくれない。自分で実践しながら学んでいくしかないのです。失敗もずいぶんしました。しかし、自分で決めて行動するという経験を20代前半から積めたことは、会社を経営していくうえで私の大きな武器になったと思っています。

サラリーマン時代というのは、自分がやりたいようにできる自由度は低いかもしれませんが、**会社というバックグラウンドを利用して大きな仕事を動かせる強み**があります。会社にいるうちは、その中で、自分で意思決定できる仕事を増やしていくことです。その積み重ねが自信と達成感につながり、起業マインドを育てていくものだと思います。

まだ責任ある立場になっていない人であれば、自分自身の働き方で意思決定力を高めていく方法もあります。ひとつは、**時間的目標**です。「終業時間までに企画書を書き上げよう」「今月の営業成績は、自己最高を記録する」などと、時間を区切って自分のパフォーマンスを上げていく。与えられた仕事を与えられたままにせずに、自分で能動的に動いてみることで、仕事の意義や得られるものがまったく変わってきます。

それからもうひとつは、**未来の自分像のビジョン**です。私は事業を興したい、経営トップになりたいというのは、早い段階から漠然とですが、思い描いていました。

そもそも、仕事も一人前にできるかできないかぐらいの段階から、「**自分は能力がある**」と強く思い込んでいたのです。これが、実はいちばん大事かもしれません。最初のうちは誰も私のことをそう思ってくれないのですから、その時点で自分すら思っていなければ、それは現実になりようがないのです。

自分の〝損益計算書〟を意識する働き方をする

私は、大幅赤字に陥った企業は、社会にとって〝悪〟だと思っています。大企業ともなると下手に倒産させられないから、銀行が損切りしたり、最悪の場合、国が公的資金を注ぎ込んで、再生に向けて支援することになります。

ＴＫＰは創業以来、右肩上がりの収益を実現し続けています。正確には、リーマン・ショックと東日本大震災のとき、それぞれキャンセルが相次ぎ、１か月で１億円の赤字を出したことはありますが、数か月で取り戻しました。

私がＴＫＰを設立したときに心に決めていたのは、赤字になったら潔くやめようということでした。赤字から抜け出せないということは、その企業の存在自体が世の中のニーズに応えられていないという厳しい現実だからです。

企業経営に限らず、働くということはそういうことだと思います。

会社には、損益計算書（Ｐ／Ｌ：Profit and Loss Statement）という経営成績を表わす決算書があります。売上げとそれにかかった諸経費から、その企業の利益と損失がわかり、実力がまるわかりになる〝企業の成績表〟です。

会社組織で働く個人もまた、**〝自分の損益計算書**〟を意識する働き方が求められています。つまりは、**自分のもらっている給料に値する働き方ができているか**ということです。

たとえば、あなたが営業職だったとしたら、「自分の売上げ＝自分の給料」ではありません。労使折半となる社会保険、福利厚生、オフィスの賃料、経理や総務など非生産部門のコストなどを含めると、給料の３～６倍の売上げがあって初めて収支が成り立ちます。

しかし、会社にどっぷりと浸かって、肩書きに頼って仕事をしていると、〝自分の市場価値〟に鈍くなりがちです。かつての年功序列・終身雇用の時代ならば、そんな生き方もアリだったかもしれませんが、いまの時代、能力のない社員は、会社組織の中でもどんどん置き去りにされ、脱落していきます。

転職をする際も、「それで、あなたはいくら稼げるのですか」という視点が、あなたの価値を決めるもっとも重要な採用基準となります。さらに起業独立すれば、それが常に問われ続けるということなのです。

そう言ってしまうと、ちょっと殺伐とした気分になってくるかもしれませんが、実は**自分自身のマーケット価値に意識的になるということは、幸せな働き方の実現につながります**。仕事で高い成果を上げれば、自分自身の評価や収入アップにつながります。ひとつの会社に一生を縛られず、自分のキャリアプランに合わせてステップアップしたり、ジョブチェンジすることも自由自在になるからです。もっと大きな挑戦をしたければ、独立起業も視野に入ってきます。

自分のマーケット価値を高めていく働き方は、いまの世の中で自由な生き方を実現する、最短の方法なのです。

お金がお金を生む〝生きたお金の使い方〟をマスターする

私が大学時代に夢中になったことのひとつは、株式投資でした。
「将来、何か自分で事業をやりたい」と漠然とながら考えていましたが、事業を始めるにはお金がいる、と考える現実的な学生だったのです。

それは、私の生まれ育った環境が影響しているのかもしれません。父は石油会社のサラリーマンでしたが、祖父は地元の大分でジーンズ店、スポーツ用品店、プラモデル店などを経営していました。

おじいちゃん子だった私は、幼い頃から時々手伝いをしていたのですが、祖父が銀行から融資を受けるために苦心している姿も目にしていました。そんな姿を見て育ったから、お金に関してはシビアなところがありました。開業資金のまったくない自分がまとまったお金をつくるには、株式投資しかないと思い込んでいたのです。

暇があれば、証券会社の窓口に足を運び、家庭教師や配膳のアルバイトで稼いだお金を株に投じていました。ところが、儲からないのです、これが。何回も失敗しては大損していました。そのうち、投資顧問会社にわざわざ情報料を払って、株価の急騰が狙いやすい仕手株を教えてもらうようになりました。そして、これも大敗を喫しました。

慶應大学商学部の学生だった私は考えました。人に頼っていてはどうやら永遠に儲けられそうにない。自分で企業の財務分析ができるようにならなくてはいけないんだ、と。

そこで、財務会計ゼミに入りました。ゼミ生全員が公認会計士を目指しているような硬派なゼミで、私だけが「株で儲けたい」という不純な動機で入ったのです。

しかし、私にとっては、株式投資は未来の事業資金をつくるための真剣勝負でした。

アルバイトで自分の時間と労力を投じて得たお金を自分の服だとか、贅沢な食事だとか、遊びに使うつもりは毛頭ありませんでした。見栄や一時的にいい気分になるために使うお金の使い方は〝浪費〟です。一回きりで終わってしまうお金の使い方です。

「お金がお金を生む使い方」こそ、お金の持つポテンシャルを生かしたことになります。もちろん、私のように株式である必要はありません。しかし、**若いうちから自分の収入の一部を「収益を生むもの」に投じていくこと**は強くおすすめしています。

世界の都市を見て回る旅をしたり、資格勉強をするなどの自己投資もいいでしょう。私の学生時代で言えば、お金がなかったので、家庭教師、不動産仲介業、試験監督、イベント設営、ホテルの配膳などいろんなアルバイトを経験しました。そのことが、まるまる社会勉強になりました。基本的には、裏方のバイトが好きでした。さまざまなビジネスの裏側や儲けの仕組みが覗けるからです。

投資ということであれば、自分が勤める企業の株を買うのも手です。会社で頑張って働くことが会社の成長につながり、それが自分の利益にも直結します。こんなに手応えがある投資はないでしょう。「うちの会社の株など儲かりそうにない」と思うのなら、その会社は辞めたほうがいいでしょう。成長を見込める会社に行ったほうが、お金も儲かるし、自分自身も成長できます。

経営感覚を身につけるということは、**「お金を消費する側」の発想だけで終わってはいけない**のです。お金を生み出す仕組み、レバレッジを効かせてお金がお金を生む仕組みをつくっていくことが、すべての会社経営の根底にあるものです。それには、若いうちから生きたお金を使う工夫を自分なりに重ねていく経験が大切なのです。

会社以外の「第三の場所」を持つ生き方

自宅でもない、職場でもない第三の自分の居場所——サードプレイスなる場を持つことが最近、話題になりました。サードプレイスとは、趣味の集まりや勉強会など、家庭や職場、学校での役割から解放され、一個人としてくつろげる場所を意味します。アメリカの社会学者レイ・オルデンバーグがその著書で提唱した言葉で、この第三の場所こそ、創造的な交流や発想が生まれる場所だとしています。

新社会人になると、「さあ、これから自分の世界が大きく広がるぞ!」と期待が大きく膨らむかもしれません。それは正解でもあり、不正解でもあります。正解というのは、仕事を通じて付き合う人の年齢や地位の幅が広がるからです。

その一方で、どうしても仕事で関わる業界は固定化されていきます。自分の見聞きできる幅が、その業界の常識や人間関係に限られ、そのことに気づかず、とんでもない視野狭窄《きょうさく》に陥っている人も少なくありません。自ら世界を広げていかなければ、その業界のことしか知らない状態になってしまいます。世の中の変化が激しいいまの時代、それはとても危険極まりないことです。

私が就職したのは1996年、目的別採用で伊藤忠商事の為替証券部に入りました。最初の1年目は、管理部に配属されました。ディーリングはまださせてもらえない見習いの身分。仕事は午後6時に終わって、明るい時間に会社から放り出されてしまうので、足はしぜんと渋谷駅にある大和証券渋谷支店に向かっていました。

後に、渋谷はネットベンチャー企業が多く集まり、シリコンバレーにならって〝ビットバレー〟などともてはやされることになります。そして、東証マザーズやナスダック・ジャパンが新たに創設されたこともあり、大和証券渋谷支店は上場を目論むネットベンチャー創業者たちが集まる場所だったのです。

そこで私は、ネットベンチャー関連のさまざまな会合やセミナーに参加するようになったのです。インテルの代表取締役社長・会長だった西岡郁夫氏、東証マザーズ上場第一号銘柄のインターネット総合研究所代表取締役所長の藤原洋氏などＩＴ企業のトップに立つ錚々たる面々と知り合うようになったのも、この頃です。まだ入社1年目だったのに、いま振り返れば怖いもの知らずだったとしか言いようがありません。

株好きが高じて通いはじめた大和証券渋谷支店でしたが、そこでネットビジネスの可能性を目の当たりにしました。

その頃は、まだ国内ではインターネットを使った株取引は始まっていませんでした。

為替証券ディーラーは、ポケットロイターという15秒ごとに更新される情報端末を持ち歩き、それを見ながら電話で売買取引をしていました。私も晴れてディーラーになると、ポケットロイターを持ち歩きました。そして、夕食のときもテーブルに置いて、相場が動くと大急ぎで会社に戻るのです。だから、当時は会社のある青山から10分以内の場所で食事をするようにしていたものです。

一方、アメリカではすでに個人トレーダーがネット証券を使って取引をしていました。しかし、**これから規制緩和が進めば、インターネットで株式取引ができる時代がやってくるだろう**――そう考えていた矢先に、証券手数料の自由化が決まりました。

それに合わせて、伊藤忠商事がネット証券への参入を決めました。そこでネットの世界に明るい私が立ち上げメンバーに選ばれ、現在のカブドットコム証券の前身となる日本オンライン証券の設立に携わることになったのです。それに成功すると、イーバンク銀行（現・楽天銀行）の立ち上げに関わり、最先端のＩＴと金融事業を経験することになります。

会社に所属しながら、20代にして２つもの企業の立ち上げに関われたのは、私が株式ディーラーというチャンネルのみならず、会社でも自宅でもない第三の場所で遊びを学び、その中でＩＴベンチャーのネットワークと知識を携えていたからできたことです。

また、その後、独立してＴＫＰを立ち上げたときも、金融で培ったビジネス感覚とＩＴの知識が大いに役立ちました。20代の頃、会社と自宅を往復しているだけだったら、いまの成功は成し得なかったと思います。

人生も事業もリスクはつきもの。ならば、リスク愛好家になればいい

会計用語に「リスク愛好家」という言葉があります。

投資理論での「リスク」とは〝期待値から外れる可能性〟を意味しています。悪いほうに外れるリスクもあれば、よいほうに外れることもまたリスクなのです。

リスク愛好家とは、**「よいほうに外れる」ことを期待して行動する人**を指します。反対に、リスク回避者という言葉もあります。これは「悪いほうに外れる」と考え、それを回避する行動を取る、もしくは何もしない人です。

私は、ものごころついたときから間違いなく「リスク愛好家」でした。だから、大学時

代に会計の講義でこの言葉に出合ったときは、まさに自分のことじゃないか、と思わず膝を打ったものです。

舗装された平坦な道と、いばらの道――どちらか一方を選べと言われたら、迷いなくいばらの道を選ぶのが私という人間です。平坦な道は、確かに見通しがよく、安心安全かもしれません。しかし、**あえていばらの道を選ぶことで得られるリターンがある**のです。それは、その道を進むといまの場所からは見えない世界がパッと見えてくることです。

いばらを伐採しながら道を突き進めば、その先には展望のいい丘が広がっているかもしれません。あるいは、鉱脈のある土地に突き当たるかもしれない。そして伐採した、いばらは燃料や資材として売れるかもしれません。たとえ、その先には何もなかったとしても、いばらの道を突き進んだ経験は自信となり、経験値となります。

また、次にいばらの道に突き当たったときに、私にはその道を分け入る知恵がついています。次こそ、お宝が眠っているかもしれません。

しかし、平坦な道を歩き続けていれば、ただ歩いたということだけで、能力にも実績にも何も変化がありません。平坦な道を選ぶ人を否定するわけではありませんが、何ごともない平穏無事なだけの人生などありません。人生にしても、事業にしても、安全パイを取ったはずが、不況になったり、病気になったりして、なにがしかのピンチを迎える局面は何度かやってくるのです。

人生においてリスクは避けることはできない——だったら、その**リスクと遊び、乗り越える技と精神力を身につけておいたほうがより豊かな生き方ができる**と思います。

ただ、私の考える〝リスクテイク〟とは、目をつぶって挑む、一か八かの勝負ではありません。**失敗したときのコストや機会損失などは、計算したうえで行動を起こします**。また、会社全体が傾くようなお金の投じ方はしません。リスクテイクによって生じるであろう損失に見えないフリをして行動を起こすのは、単なる〝無謀〟でしかありません。

いろいろ理屈を語ってみましたが、リスクテイクは私にとって趣味のようなものです。アドレナリンが出て、ワクワクしてひたすら楽しいのです。一切合財《いっさいがっさい》を賭することがリスクテイクではありません。全体に多大な影響の出ない範囲で収益や収入の一部や時間を未来に向けて賭けてみる。それを実践してみるだけで、間違いなく未来は変わっていきます。

〝考える〟ことは、時間軸を四次元に変えていく

考えることは、人間だけに与えられた特別な能力です。人が思考をするとき、脳の中ではどんなことが起こっているのでしょうか。それは過去の何万、何億もの記憶のデータベースをたどっているのです。

生まれてから今日まで私たちは、数えきれないほどのさまざまな経験と思考を重ねてきました。考えるということは、自分自身の記憶の海に深く潜っていくことです。そのとき、5年前に考えたこと、あるいは20年前に経験したことがパッとよみがえり、いまの自分に答えを与えてくれることがあります。

その意味では、**人間の脳の中では〝時間〟は存在しない**のです。

ですから、自分の思考力を高めようと思ったら、記憶のデータ量を大きくするというのがひとつの方法です。**脳のデータベースを富ませるために役立つのは〝経験〟です**。見知らぬ土地を旅したり、ふだん会うことのないタイプの人に会うと、さまざまな情報や学びが経験値として頭の中にインプットされていきます。

あるいは、家を出て街を歩くだけでもさまざまな〝経験〟が得られます。意識して見なければほとんど何も入ってきませんが、たとえば看板を意識的に見るようにしたり、すれ違う人に注意を払ったりするだけで、必ず新たな発見があるのです。

私は温泉旅行や海外旅行、食べることが好きですが、これは趣味と実益を兼ねています。自分の興味のある分野を積極的に経験していくことは、思わぬところでビジネスのチャンスを広げる可能性があるのです。

ＴＫＰは２０１５年、旅館業に進出しました。伊豆長岡の老舗高級旅館を長期で借り、企業の研修施設と一般向けの観光ホテルの機能を併せ持った、これまでにないハイブリッド型旅館「石のや」を開業したのです。

ここでは、旅館に泊まるたびに疑問を感じていた、布団の上げ下ろしや部屋出しの料理といった旧来の旅館のサービスを抜本的に見直し、ホテルのように利用できる客室にリニューアルしました。そして、平日は企業の研修施設として、休日は高級旅館として一般のお客様が泊まることができる新しいタイプの旅館としたのです。

法人のお客様からは、会議や研修の合間に温泉や懐石料理を楽しむことができ、社員にとっていい保養やリフレッシュになっていると人気を呼んでいます。また、休日を中心にご利用いただいている一般のお客様からは、布団の上げ下ろしや部屋出しの料理がない分、部屋でゆっくりくつろげるとご好評をいただいています。

ＴＫＰの得意分野である貸会議室と高級旅館のドッキングは、私の経験からアイデアを得て生まれたものなのです。

自由に使える時間とお金があれば、「経験」に投じることがいちばん有効な使い方ではないかと思います。なぜなら、モノは古びてなくなりますが、経験は一生、自分の中に生き続けるからです。表面上は忘れてしまっているとしても、それは記憶の奥底に沈んでいるだけで、いざ必要となったときに、脳がたぐり寄せてくれる一生ものです。

物事を多角的に考えることが三次元的な思考ならば、経験値を増やし、記憶のデータベースを頼りに思考することは四次元的な思考です。**経験を積むということは、自分だけのビッグデータをつくること**。これは事業をするうえで、必ずいつか生きてくる大きな財産となるのです。

本当に生きた人脈とは「広く、浅く」でいい

ビジネスをするうえでは、人脈が大事だとよく言われます。

友人であれば深く親交を深めるのもいいかもしれませんが、ビジネスの人間関係であれば、私は「広く、浅く」で十分だと思っています。ビジネスにおいては、特定の相手とあまり深い間柄になるのはあまり意味がありません。

というのは、情で動くビジネスがうまくいくのは、あくまで一過性であって、長い目で見れば、お互いにとってあまり好ましくないことも出てくるからです。

ＴＫＰでは、貸会議室やボールルームで提供する仕出し弁当やパーティー料理を自社で

内製化しています。常盤軒という大正12年創業の老舗弁当工場を買収してグループ化し、味にも栄養バランスにもこだわった料理を提供しています。

しかし、もし私の古い友人の会社だからという理由で選んでいたらどうでしょうか。味やメニュー開発力の判定は、友情ありきで二の次になってしまうかもしれません。

人脈を深く掘りすぎると、その人脈ばかりに頼るようになり、ネットワークが硬直化する恐れがあります。ですから、あえて浅く、広くして、流動性を持たせておく必要があるのです。

人脈をつなげておく必要があるとしたら、**業界のキーパーソンを選ぶ**ことです。こうした立場の人はさまざまな立場や地位の人々を束ねていますから、そこから広げていくことができます。付き合いを持続させるために、会合に参加したり、時候の挨拶をしたり、業界団体の会費を払ったりはしますが、それ以上のべったりした付き合いはしません。〝顔〟がつながっていればいいのです。

本当に必要になったときだけ、パッと電話をかけてアポイントを取りつけます。「それでは、相手にしてくれないのでは？」と思う人もいるかもしれません。

そう考える人は、融通を利かせてくれないだろうか、安く引き受けてくれないだろうかといった下心があるのかもしれません。そういう意味での人脈で商売をしている人は、ビジネスが長続きしません。

ビジネスとして十分成立する、相手にも利のある話をすれば、たとえ10年、20年ぶりの電話だったとしても、相手は「ぜひ会いましょう」と応じてくれるでしょう。

私は、学生時代から「**4人を介せば、日本中の誰とでも会える**」という持論を持っています。

メールや電話番号のわかる程度の友人や知り合いならば、誰でもざっと100人ぐらいはいるのではないでしょうか。

その100人の一人ひとりには、それぞれ100人の友だちがいます。すると、それだけで1万人と間接的につながっていることになるのです。

その1万人に、さらに100人をかけると100万人になります。その100万人に100人をかけると1億人になります。つまり、4人さかのぼれば、その先には1億人がいる。理論上では、日本の人口の大部分を4人を介すれば、ほぼカバーできることになります。

何かのときのためにと人脈づくりに躍起になって、時間と労力を浪費する必要はありません。**本気になれば、人脈は掘り起こせるのです**。そして、そこから先は、人脈の情やしがらみに頼らずに、対等なビジネスの話をしましょう。

会社をつくることは、最高の自己実現法だ

社長というと、ビジネスにおいては万能のように思われますが、ＴＫＰという器をなくせば、私も一個人にすぎません。個人である限り、どんな未来を描いても、できることには自ずと限界があるのです。しかし〝法人〟となると、できることはその何百倍にも何千倍にも無限大に広がります。だから、私はＴＫＰを設立したのです。

「ＴＫＰとは、何の略ですか？」とよく聞かれるのですが、この名称をつけた創業当時、社名は何でもよかったのです。そこでつけたのが「Takateru Kawano Partners」でＴＫＰ、「河野貴輝と愉快な仲間たち」といったところです。これは、まさに創業の原点です。つ

まり、私にとっては会社＝自分。会社という器を使って、社員という仲間たちと自分がやりたいことを思いっきりやりたかったのです。

その後、会社が急成長にするにつれて、ＴＫＰに「チーム・革命・ウィズ・パッション」（Team Kakumei with Passion）という意味を新たに付与しました。

私自身、革命という言葉が好きで、社内でも口ぐせのように「革命、革命、革命」とずっと言い続けてきたので、Ｋを「革命」にしようと決めたのです。そして、２０１２年初めにつくられた会社ロゴは、ドラクロワが描いたフランス革命の旗をイメージした赤いフラッグに白抜きでＴＫＰの文字のデザインになりました。

そして２０１７年3月27日、ＴＫＰは東証マザーズに上場を果たしました。それに合わせて、ＴＫＰは「**Total Kūkan Produce＝トータル空間プロデュース**」へと〝社名変更〟しました。いや、登記上は何も変わっていないのですが、会社の成長に合わせて、意味も変わりゆく社名を冠したことは、結果としてよかったと思います。

会社をつくるということは、会社の成長を通じて、自分を成長させることができます。

そして、社会に影響を及ぼすことができ、自分が思ったことを実現できるのです。

夢の実現のために、組織とお金があります。ヒト・モノ・カネで最大限のレバレッジを効かせることができるのが企業なのです。

タフに働き続ける秘訣は、好奇心にあり——120%の力で働ける理由

朝7時に起きて、家の前で待っている社用車に乗り込んだ瞬間から、私の一日はスタートします。平日のスケジュールは、分刻みで朝から晩までびっしり詰まっています。

ある一日は、出社後、秘書からブリーフィングを受けたのち、新たなカンファレンスセンターの進出プロジェクトや幹部を集めた戦略会議、稟議書の確認などをこなしていき、午後2時、3時になってようやく昼食タイム。その後、インタビュー取材、社員面談、新規物件視察などを経て、夜は社用車で関係企業の経営者との食事会に赴き、帰宅は午前0時を回りました。

なぜ、こんな一瞬の隙もないスケジュールになってしまうのか――答えは簡単です。「スケジュールを詰めすぎている」からです。しかし、この120％の働き方が、私にとってベストなタイムスケジューリングなのです。**ひっきりなしに次々と予定をこなしていくことで、どんどんエネルギーが漲《みなぎ》って、頭が冴えてきます**。

スポーツやゲームの感覚に近いのかもしれません。「予定」というボールをどんどん打ち返していると、アドレナリンが出てきて、全身を血が駆け巡って臨戦態勢に入っていきます。こういう瞬間に、ビジネスの新たな閃きは生まれることが多いのです。

私が疲れ知らずで働ける最大の秘訣は、「**好奇心で仕事をしている**」ことかもしれません。

ＴＫＰの事業拡大にしても、ビジネスユース向けのリゾート施設「レクトーレ」、会議室完備の温泉旅館「石のや」、リゾートや温泉、会議での飲食提供をプロデュースする「常盤軒」などの関連事業は、始まりはすべて私の興味分野から出発したものです。

もし、エネルギーが足りない、やる気が起きないと感じたら、今日の予定を自分の興味があることでいっぱい詰め込んでみることです。すると、脳が活発に動き出します。**好奇心を満たし続けることが、タフに働ける最大の秘訣**なのです。

アイデアは一瞬の閃き——未来を「見える化」する

ＴＫＰの社長室には、何冊ものスケッチブックや大学ノートが並んでいます。

これらは、私が起業する以前から書きためたメモ書きの集大成です。

大学ノートは、思いつくままに、キーワードやキャッチフレーズを書き入れていくネタ帳です。そして、ある程度アイデアがまとまってきた段階で、今度はスケッチブックに図を入れながら書き写していきます。

最終的には、めったに座らない社長デスクの上に置いてある、まっさらな革張りのノートブックに〝ＴＫＰのバイブル〟として正式に書き入れられる……はずです。

このノートをめくっていくと、たとえば、リーマン・ショックというピンチに際して、私がどんな突破口を練っていたか、ＴＫＰがホテル業に進出する足がかりとして、ホテルの宴会場をどうオリジナルの商品に仕立て上げていくかなど、経営戦略や方針にまつわる私の〝**思考の原型**〟を見ることができます。

ＴＫＰの収益体制を、骨太のものに変えた「滑り台理論」の収益モデルも、このメモ書きから始まっています（詳細は１４０ページ参照）。

２００９年2月2日のメモ書きを見ると、ＴＫＰの向かうべき方向性としてこんなことが書かれています。

「社会の隙間をついた会社、社会に影響を及ぼす会社。やっている人が報われる会社。めざせ、売上げ１００億円」

その段階で、ＴＫＰの売上高は26億円でした。しかし、４年後の２０１３年、とうとう目標であった売上げ１００億円を達成しました。その間、海外進出を実現し、貸会議室以外の事業にも本格進出し、まさに社会に一定の影響を与えられる会社となりました。そして、従業員は20人から2000人を超えるまでに増えました。**このノートは、私の願望や目標を実現化するトリガー**の役割を果たしているのです。

このメモを書いている段階では、閃いたフレーズや図を書き出しているだけで、頭の中では具体的なものとしてまとまりを成していません。ですから、このノートを他人が盗み見ても、何が書いてあるのかさっぱりわからないでしょう。しかし、これは間違いなく、いまのTKPをかたちづくる発想のひな型となっています。

ノートに書くときは、「書こう」と思って机に座っていくら必死に考えても、何も思い浮かびません。私の中でアイデアがほとばしってくるときは、誰かと打ち合わせをしているときや飛行機の機内で映画を見ているときなど、とにかく突発的なのです。それは表面意識よりもっと深いところで考え続けているからだと思います。

そして、**アイデアが湧き出るときはほんの一瞬**です。夜見る夢とよく似ています。起きてすぐ書きとめなければ、次の瞬間に、何もなかったかのようにきれいさっぱり忘れ去ってしまいます。

アイデアマンとそうでない人の違いは、意識の深いところで考え続けるか、そして、思いついたときにそれを書きとめる行動を取るかどうかの違いだけなのではないかという気がしています。

この本のタイトルに「ノート」というキーワードを入れたのも、ＴＫＰの事業の原点にこのノートの存在があったからです。

新規事業を立ち上げるということは、いまこの世の中に存在しないものを世に送り出すということなのです。つまり、無から有への移行です。その第一歩となるのが、**思いついたアイデアのかけらをノートに書き出して〝有〟にする**、という行為なのです。

書き出すことで、何かが走りはじめます。紙の上に書き出された文字を見て、脳はふたたび考え続けます。そして、新たな行動が起こります。その「思考→行動」のサイクルをつくるのが、ノートを書くという行為なのです。

学生時代のノートと言えば、板書された文字や先生の言葉をただ書き写すためのものでした。しかし、大人になったら逆のベクトルの使い方をしてほしいと思います。

それは自分の頭脳と経験だけを頼りに、ゼロから1を生み出す使い方です。ノートに書くことは、まだこの世に存在しないものを有に変えていく、新たな次元をつくっていく最初のステップとなるのです。

自分が思いつくことは、1年経てば世界の誰かがやっている

あなたが思いついた素晴らしいビジネスプランがあるとします。しかし、成功する確率はせいぜい50％程度だったとしたらどうしますか？

私でしたら、すぐに行動に移します。事業を始めようとする人は、どこかのタイミングで大きなリターンを取りにいかないと大きく成長することはできないからです。**成功する確率が80％になるのを待っていたら、確実にチャンスを逸します。**

この地球上には74億人もの人が暮らしています。どんなに斬新で新しいアイデアであっ

ても、自分が閃くことは世界中でおそらく100人は同じようなことを閃いているはずです。つまり、どんなに素晴らしいアイデアでも、行動を起こさなければ1年後には世界中の誰かがきっと実現しています。

ですから、**ビジネスのプランを思いついたら、ひとつでもいいから行動に移しましょう。さもなければ、誰かに話しましょう。**会う人ごとに自分の頭の中にあるビジネスプランを熱く語るのです。話していると、必ず新たな気づきがあります。そして、全部吐き出してしまえば、頭は次のステップを考えはじめます。

常に自分のアイデアをアウトプットしていれば、頭の中が整理されていきますから、スペースが生まれ、また新しいアイデアが入ってきます。それを繰り返していると、最先端の発想ができる頭脳になるのです。

いちばんよくないのは、自分の中でじっくりと温め続けることです。1年後、2年後に実現してやろうなんて、いまの時代、あまりに悠長すぎます。気がついたら、そんなビジネスは世の中に役立たなくなっている可能性は十分にあります。そして、現実にさらされていないビジネスプランは、実際にやろうとしたらオンボロのモデルだった……などということもよくあります。

鉄は熱いうちに打て――誰よりも早くからトライ&エラーを重ねた人だけが、〝勝ち〟を手にすることができるのです。

「買い手よし、売り手よし、世間よし」近江商人に学ぶ「三方よし」の理念

新しいことにチャレンジするときは、大小さまざまなことで決断を迫られます。私も仕事をしながら手を止めて、ふと「どちらが正しい選択だろうか」と思い悩むことがあります。その際、私が頭に思い浮かべる〝指標〟があります。

それは、江戸時代に豪商として隆盛を誇った近江商人の「買い手よし、売り手よし、世間よし」の「三方よし」の経営理念です。

近江商人は、近江（現・滋賀県）を本拠地にして地元の特産品を各地に売り歩き、全国

で活躍した商人です。その起源は鎌倉・南北朝時代までさかのぼり、安土桃山時代の織田信長による楽市・楽座で繁栄しました。江戸時代には近江が天領地とされ、近江商人は葵の紋の入った通行手形で全国の関所を優位に通行できるようになり、幕府の御用商人、各藩の御用商人として大躍進しました。

彼らが商売をするうえで、常に自らに課して、守り続けたのが「買い手よし、売り手よし、世間よし」の「三方よし」の理念でした。自分たちの商品がお客様にとって喜ばれるもので、それが自分たちの利益となり、社会の発展にも寄与する。それが永続的に繁栄する商売を可能にする、という考え方です。

何百年も前の経営理念ですが、私は、これこそが**普遍的な成功の理念であり、日本のみならずグローバルでも通用する経営哲学**だと考えています。

近江商人の「三方よし」の理念は、P・F・ドラッカーが言うところの「企業の機能」にも当てはまります。つまり、**社会の問題の解決を事業上の機会に転換することによって社会の要請に応え、同時に自らの利益とすることができるビジネスこそ本物**なのです。

何か新しいビジネスを始めるにあたり、私はこの指標に当てはまるものであるかどうかをまず考えます。当てはまるならば、そのビジネスは自ずと成功に導かれると確信します。私が32歳のときに始めた貸会議室のビジネスも、「三方よし」の理念に則ったものでした。街を見て回ると、近く取り壊しが決まっている物件、窓がない地下のオフィス物件など、訳ありの借り手がつきづらい賃貸物件が必ずあります。オーナーは、なんとか借り手がつかないだろうかと困っているわけです。そこを私たちが安く借りて、会合や研修、セミナーなどに使える空間を探している企業にリーズナブルな価格で時間貸しするわけです。

オーナーは、家賃収入が長らく途絶えていた物件から収益が見込めるようになります。また、借りる人もオフィスの拡張をせずに、必要なときだけリーズナブルに空間を利用することができる。そして、ＴＫＰも市場価格よりも安く物件を借りることができ、時間貸しというコマ切れにして多く売ることで、まとまった収益を得ることができるのです。また、地域にとっても、空きビルに人が出入りするようになれば、経済の活性化にもつながります。こんな「三方よし」のビジネスが成長しないはずがありません。

ちなみに、「三方よし」を理念として繁栄を続けた近江商人が、タブーとした商売が3つあります。それは「投機、買い占め、癒着」です。こうした商売は一時的には儲かるかもしれませんが、決して長続きしません。

継続可能なビジネスとは、自分だけが勝つことを目的としてはいけないのです。お客様に、得をした、いい買い物をしたという満足感を与えることができなければ、ビジネスはいつの時代も継続不可能なのです。

第2章【起業】

小さく生んで大きく育てるビジネスを立ち上げる

成功するベンチャーの方程式＝得意分野×IT×世の中の役に立つ

ビジネスで大きく成功したかったら、自ら新しいマーケットをつくり出すことです。既存マーケットでは、すでに大手企業や外資系企業の強豪選手がうごめいています。そこに身ひとつで切り込んでいったところで、向こうはすでに圧倒的な量と知名度を手にしているのですから、太刀打ちできるはずはありません。

しかし、**自分で新たなマーケットをつくり出せば、その業界でナンバーワンになれます。**TKPが貸会議室業界でナンバーワンになったのも、これまでマーケットが形成されていなかった貸会議室というビジネスに目をつけたからにほかならないのです。

私は金融業界から飛び出し、貸会議室という不動産業に近いジャンルで起業しました。一見、畑違いに見えるかもしれませんが、実は金融的手法を武器にした起業です。

金融の世界は、大きく分けると実物経済と先物オプション経済で動いています。

実物経済では、株券や債券など金融商品そのものが売買されるのですが、先物オプションでは満期日がくるまで価格の決まっていない金融商品を現時点で取り決めた価格で売買します。このとき、その現時点価格には〝**時間的価値**〟が加算されます。一般的には、満期日までの期間が長ければ長いほど時間的価値は大きくなり、逆に満期日が近づくほど時間的価値はゼロに近づいていくのです。

時間的価値が下がっていく商品を身近な例で挙げれば、飲食品の賞味期限があります。たとえば、お茶の入った１５０円のペットボトル、賞味期限がずっと先ならば１５０円で売買されますが、あと1か月後ならば１００円になるかもしれません。３日後となったら50円まで下げて売ることになるかもしれません。

不動産の賃貸取引においては、この時間的価値を見込んだ商品というのはマーケットが確立していませんでした。不動産物件の価値は、エリア、築年数、駅からの距離など、物理的な条件だけで価格が固定化されていたのです。

私は不動産には、「時間的価値」という、もうひとつの商品価値があると気づきました。近く取り壊しの決まったビルや、賃貸に向かず長く借り手がついていないビルなどは、時間的価値が下がり、相場よりずっと安く借りられるはずです。そうした物件を見つけ出して、〝時間貸し〟するというニッチなビジネスに着眼したのです。

賃貸収入が途絶えている物件を借りるのですから、敷金・礼金、保証料などはゼロにすべく交渉しました。そして、契約期間は3か月区切り。さらに前払いではなく、後払いにすることで、少ない原資で一気に物件数を増やしていけるようにしたのです。

現在、TKPの不動産賃貸契約はもっと多様化していますが、資金の少ない開業当時はこのスキームで拡大していきました。当時、私は不動産業の知識はほとんどありませんでしたが、おかげで**不動産業界の〝常識〟にとらわれない独自のスキームが構築できた**のです。

顧客の獲得は、インターネットの力を利用しました。「貸会議室ネット」という全国の貸会議室が検索できるポータルサイトをつくったのです。すると、スペースを必要とするお客様が自ら検索して、申し込んでいただけるようになり、瞬く間に予定表が埋まっていったのです。月１００時間分の枠がどんどん埋まり、一日に2回転、3回転もするようになりました。

都心部の地価の高いエリアでは、利用頻度の少ない大会議室やホールなどをオフィスにつくるには費用対効果が悪すぎます。とはいえ、年に数回は、社内全体の会合やセミナー、研修などで広いスペースが必要となることがあります。ＴＫＰの会議室はそうしたニーズに見事にヒットしたのです。

このように、私は自分の得意分野である金融分野から時間的価値で売るという手法を不動産業に持ち込んで貸会議室の新たなマーケットを生み出し、そしてＩＴの力を使って足場を固めました。**「得意分野×ＩＴ」を掛け合わせたビジネスの誕生**です。

さらに成長する企業をつくるうえで、この方程式にもうひとつ条件を付け加えるならば、

「世の中に役立つ」ビジネスであることです。

ＴＫＰのスキームで展開する貸会議室ビジネスは、借り手のつかない不動産オーナーに利益を提供し、単発で会議室や空間を借りたいユーザーに便利をもたらすという革命を実現しました。そこからＴＫＰの収益は生まれているのです。つまりは、私が**ビジネスをするうえで指標としている「三方よし」の理念に当てはまるビジネス**であること。「世の中に役立つ」ビジネスであれば、どんな時代にあっても、その事業は成長し続けることができるのです。

ニッチとシェアリングで、新たなマーケットを生み出す

これからの時代、新たなマーケットを生み出したいと思ったら、ポイントは大きく2つあります。それは「ニッチ」と「シェアリング」の発想です。

先述したように、既存マーケットはすでに大手の競合が数多くひしめいていて、そこにベンチャーが真正面から討ち入りしたところでシェアは取れません。

だから、ニッチをいかに見つけるかが重要なのです。**ニッチとは、既存マーケットに風穴を開けられる場所を見つける**ことです。既存マーケットに近いところで、つまり需要があるところで、新たな切り口から商品やサービスを提供する。それがうまくいくと、既存

マーケットから需要客がどっと流入してきます。

次に、シェアリングの発想です。民泊、カーシェアリング、クラウドソーシングなど「シェアリング・エコノミー」が注目を集めています。これは一からすべてを自前でつくるのではなく、いま、すでにあるものをシェアするビジネスの発想です。

つまり、**いまあるものの別の活用法を見つけることで、低コストで利益を出せる事業がスタートできる**のです。使えなくなったものを再生していく発想も、一種のシェアリングです。事業が継続困難になっているところに新しい切り口を持ち込んで、再生させてリーズナブルな価格で提供することで、新たな需要を呼び込んでいくのです。

ＴＫＰの得意とする空間再生事業は、まさにニッチとシェアリングの発想が生み出した結晶です。貸会議室やレンタル空間という、これまでマーケットが確立していなかったニッチな分野を見つけて、借り手のつかないビル、ホテル、旅館などに「会議室」「研修施設」「セミナー会場」などビジネスニーズに対応できる新機能を付与して、リーズナブルな価格設定により時代に合ったかたちで再生することに成功したのです。

ニッチを見つけ出し、さらにシェアリングで低コストで事業をスタートさせる――こうしたビジネス形態は新しいマーケットを生み出す成功モデルとして、これからますます活況を呈していくと思います。

小さく生んで大きく育てる
――マーケット開拓のプロセス

ＴＫＰの原点は「小さく生んで大きく育てる」。私が一人で始めた小さなビジネスが始まりでした。

期間限定で借りた六本木の雑居ビルの２階を〝会議室〟に仕立てるために、「ドン・キホーテ」で８００円の椅子を50脚買いに走ることから始まりました。なにせ一人で回さなければならないので、お客様が自分で勝手に出入りできるようドアには暗証番号で開くカギを取り付けました。

ネット検索で「貸会議室ネット」を見つけたお客様から、電話で申し込みが入れば、予約成立です。前払い制で、申し込みから3日以内に利用金額を振り込んでもらい、確認できたら暗証番号をメールで伝えるシステムでした。

基本は〝セルフサービス〟方式でしたが、数回転もすると、汚れて雑然としてくるので、利用の合間を縫って掃除しにいきました。自分でせっせとテーブルを拭いて、床を掃いて、ゴミを出すのです。

「このひと拭きが100円だ」と思うと、掃除嫌いの私も楽しくなってきます。そのうち、掃除機を使わずにコロコロで掃除をするようにしたり、ゴミ箱にあらかじめゴミ袋を重ねてセットして、上から順番に捨てていくなどいろいろと工夫を凝らしました。

お客様が会議で弁当が欲しいと言えば、百貨店の食品売り場へ、なるべく見栄えのする幕の内弁当を買いに走り、お客様がプロジェクターやスクリーンが欲しいと言えば、利用に間に合うように設置に走りました。

クルマに弁当や器材を積んで会議室に向かっている最中にも、どんどん申し込みや問い合わせの電話がかかってきます。カーナビに電話をつないで、移動中にもハンズフリーで電話対応できるようにもしました。そしてクルマを側道に停めて、予定表を見ながら「この日は、何時から空いています」などと予約を取り付けていくわけです。

そして毎日、銀行のATMに立ち寄り、振り込みを確認するために通帳記帳します。すると、5000円、1万円などと小口の振り込みが印字されて出てきます。それはもうワクワクする瞬間でした。

それまでの私は、株式ディーラーとして一日に何十億円ものお金を動かしていました。日本オンライン証券やイーバンク銀行を立ち上げる際は、大手企業の幹部と渡り合い、80億円もの出資金を集めていました。

そこから一変して、20万円で借りた部屋を1時間5000円で貸し、「ひと拭き100円だ」とほくそ笑みながら、せっせと掃除しているわけです。ディーラー時代の知り合いが目にしたら、あの河野がなんとちっぽけなビジネスをしているのだろうと目を丸くしたかもしれません。

しかし、この5000円、1万円は、確実に私の手元に入ってくるリアルマネーです。**自分がつくり出した〝仕組み〟をお客様が利用して、その対価としてお金をいただく**。このリアルな手応えにワクワクしたのです。

ＴＫＰを創業するときに私が決めていたのは、赤字になったら潔くやめられるビジネスをしようということでした。最初から何百万円、何千万円と借金をして、人を大勢雇ってビジネスを始めるのでは、このビジネスは厳しいと気づいたとしても、やめようにもやめられなくなります。やめたら周囲に迷惑をかけてしまいます。ですから、自分で最後まで責任を持てる小さなビジネスから始めていこうと決めていたのです。

たとえ、スタートが小さなビジネスであっても、そのビジネスが世の中に必要とされるものであれば、お客様が集まり、自然と伸びていきます。やがてはひとつのマーケットが育まれていきます。

最初は、規模にこだわらず、小さくてもいいから**収益を生む仕組み＝会社のエンジン**をつくる。あとはそのエンジンをピカピカに磨き上げるのです。そして、コピー＆ペーストで増やしていけばいいのです。

ギャップがあるところに、新規事業の芽は生まれる

ビジネスを生む第一歩は、**モノの値段は「一物一価」ではない**ことを知ることです。

一般的に商品やサービスの価格には、〝相場〟というものがあります。しかし、かつて金融業界に身を置いていた私からすると、価格とはあるようでないものでした。株式の世界では、一日のうちに、大きく価格が上がったり下がったりすることが日常茶飯事。いわば、ディーリングという商売は、いつ売り、いつ買うかの判断力だけで成り立っているのです。

伊藤忠商事の為替証券部でディーラーの仕事を始めようとしていた1994年頃、私は

会社とは別に個人的にＩＴ業界ともつながりを持つようになっていました。そして、社内ベンチャーとして日本オンライン証券の立ち上げを進めていた１９９９年頃、ちょうどヤフーオークションと楽天オークションが始まっていました。

この頃、私は「新規事業を成功させるカギはＩＴだ」と確信していたので、ディーラーで培った視点と合わせて、個人的に**ネットオークションでアービトラージ（裁定取引：価格差で利益を出す取引）をやってみよう**と思い立ちました。

まず、休日に10万円を握りしめてフリーマーケットに行き、オークションで売れそうな商品を買い集めました。当時の都市銀行では、アイドルを看板にした景品を出していました。アイドルの写真をプリントしたマグカップ、置き時計、ペンケースなどを定期預金などの新規契約者に贈呈していたのです。フリーマーケットに行くと、そんなグッズが６００円程度で売られています。それらを買い集め、ネットオークションに出品すると、６０００円ぐらいの値がついて、瞬く間に売れてしまうのです。

購入者の大半は、地方にいる人です。彼らがこれを手に入れるには、都市銀行の支店がある東京近郊に行かなければならず、そのためには旅費がかかりますから、彼らにとっては10倍の価格のギャップが生じても〝安上がり〟なのです。

かつてはリサイクルショップやアイドルグッズ専門店に行かないと、こうした商品は手に入りませんでしたが、いまや個人対個人で簡単に売買できるようになったのですから、これは革命的でした。

こうした経験から、「**ネット社会になれば、ますます物流と決済が重要になってくる**」と気づくに至ったのです。

ネットで売買契約が成立しても、実際にモノが届かなければ意味がありませんし、決済がスムーズにできなければ取引が拡大しません。だったら、ネット売買を支える物流と決済の会社がこれから必要になってくると考えたのです。

そこで、全国の倉庫を組織化・ネットワーク化して、既存の運輸会社に対抗できる物流システムを構築しようと考えました。しかし、実現可能性を検証するべくフィージビリティ・スタディ（採算性調査）を進めると、倉庫を押さえるだけで100億円程度の資金が必要だとわかりました。

次に考えたのは「決済」ビジネスでした。当時は、いまのようにネット上でのカード決済やネット口座からの振り込みが実現しておらず、払い込みや振り込みの確認には銀行の支店やＡＴＭに足を運ぶ必要があったのです。そこで、カード会社をつくろうと考えたのです。１万円、５万円などのプリペイドカードをつくり、オークション参加者がポイントをやりとりして、最後に決済するシステムです。これはいけるかもしれないと思いました。

ネット証券を一緒に立ち上げていた当時の上司にそんなことを話したら、「それならば、銀行免許を取ってやるべきだ」と言われました。こうしてネット証券に続いて、ネット銀行の設立に関わることになったのです。２０００年に準備会社をつくり、銀行予備免許を取り、翌年にはイーバンク銀行として銀行免許を取得しました。

しかしながら、銀行免許を取るのは想像以上に大変でした。金融当局から「80億円の資金を集めたら、銀行免許を下ろす」と言われたのです。その頃、私は27歳。片っ端から各業界のナンバーワンに声をかけ、「これからはネット決済の時代です。皆さんでネット決済の銀行をつくろうじゃありませんか」と熱く説いて回ったのです。

そのとき、知り合ったトップ企業の経営者の方々とは、のちに私が会社勤めを辞めてＴＫＰを設立した際にもお力添えをいただきました。

ＩＴを活用したビジネスの可能性を強く感じ、自ら動く大きなきっかけとなったのは、自分でネットオークションを試して、**価格のギャップから新規ビジネスの可能性に気づいたこと**がきっかけでした。

そして「こうなったら、次は自分でやろう」と考えるようになっていったのです。

持たざる者はキャピタルゲイン拡大を目指せ

この世の中で効率よくお金を稼ぐには、私は3つの方法しかないと考えています。それは、**インカムゲイン、キャピタルゲイン、そしてフィービジネス**の3つの道です。

インカムゲインとは、不動産、株式、債券など資産を保有することで、安定的かつ継続的に受け取ることのできる家賃、配当、金利などの現金収入のことを指します。言わば、お金がお金を呼ぶ、古典的なお金儲けの方法です。

しかし、多くの人は原資となる財産を持っていません。そうなると、**持たざる者に残された道は、キャピタルゲインかフィービジネスになってきます。**

キャピタルゲインとは、価格が変動するものを安く購入して、高くなったときに売却して得られる「値上がり益」を指します。

そして、フィービジネスとは、手数料や仲介料で稼ぐビジネスです。銀行や証券会社、不動産会社などは商品・サービスを提供する引き換えとして手数料を受け取ります。

しかし、ネット全盛のいま、フィービジネスはとても危うい立場にあります。ネットでなんでも売買ができる時代だからです。売り手と消費者がこれまでになくつながりやすくなり、問屋、仲買や小売りの介在なくして、モノやお金が動くことが容易になったからです。

これからの時代、いちばん儲けにつながりやすいのは、キャピタルゲインです。

私が始めたビジネスは、不動産オーナーからビルの一室を借りて、それを借りたい人に利益分を乗せて時間貸しするビジネスモデルから始まりました。つまり、安く買って、利益を乗せて売るキャピタルゲインが主軸なのです。

しかも、このビジネスは、インカムゲインとフィービジネスのいいとこ取りをしています。所有権を持つ不動産オーナーから営業権を放棄してもらって期間限定で物件を安く借り受けることで、言わば〝**使用権**〟を手に入れました。すると、**不動産を所有せずしてインカムゲインの利益を享受することができる**のです。そして、さらに「貸会議室ネット」というポータルサイトを通じて、ＴＫＰの会議室を紹介することでフィービジネスとして仲介手数料をキャピタルゲインに転換することに成功したのです。

ＴＫＰのビジネスモデルは、キャピタルゲインを主軸に置きながら、インカムゲインとフィービジネスの要素も兼ね備えているのです。

これからビジネスで収益を上げていきたいと考える人は、そのビジネスの収益モデルが、私が挙げた**3つの収益モデルのどれに属するのかを客観的に分析してみる**ことをおすすめします。どんなに夢のあるビジネスであろうと、収益性がなければ継続しません。しかし、3つの収益モデルのいずれかに当てはまるかたちで、仕組みを考えることができれば、ビジネスはうまく回りはじめます。世の中は、富が偏在した実に不平等な世界です。しかし、それに勝るのがビジネスの発想力なのです。

経営の原動力は、ビジネスモデルより〝情熱〟ありき

あっ！と世の中を驚かせるようなビジネスモデルを引っ提げてスタートしたベンチャー企業が、ものの数年で失速することも少なくありません。

ビジネスを継続させるものは、何か——。それはビジネスモデルありきではなく、「情熱」ありきだと私は考えています。

そもそもいいビジネスモデルであればあるほど、すぐに真似をされます。二番煎じ、三番煎じの似たような会社がゴロゴロ出てくる。やがて大手資本も乗り出してきて競争は激化し、マーケットはすぐ飽和状態となります。さらに、どんなにすぐれたビジネスモデル

であっても、いずれ飽きられるとき、時代と合わなくなるときがやってきます。

ビジネスモデルがあるから事業をやるという発想は、短期的にはいいかもしれませんが、中長期で見れば、それだけでは事業の継続は難しいと言えます。

むしろ、そのビジネスモデルを時代に合わせてアレンジしたり、あるいは白紙状態に戻して、まったく別のビジネスモデルを生み出して、**なんとしても会社を発展・継続させていくという経営者の情熱**こそが、事業を継続させる原動力となり得るのです。

空間再生ビジネスで業界トップとなったＴＫＰも、実は何をするかを決めずに走り出した会社です。いまでこそ、ＴＫＰ「Total Kūkan Produce＝トータル空間プロデュース」を掲げていますが、もともとは「Takateru Kawano Partners＝河野貴輝と愉快な仲間たち」なのですから。

ＴＫＰとは、私そのものなのです。私の分身であるＴＫＰを世の中にデビューさせて、世界を変えてみたいと思ったのが始まりなのです。

サラリーマン時代に培ったのは金融とITのスキルでしたが、当世流行りのSNSや携帯ゲームなどネット完結型のビジネスにいまさら乗り出す気にはなりませんでした。むしろITをツールにして、**リアルな社会を変える事業**を始めてみたかったのです。

私は32歳で起業しましたが、お金もない、強力なコネがあるわけでもない。会社を辞めてしまったら、ただの人です。

お金も信用力もない若者がやっていくとしたら、確実に使えるツールはインターネットしかありませんでした。そして、金融で培ったものと価格の考え方から、取り壊しの決まっているビルを安く借りて、時間貸しにするビジネスにたどり着きました。

経営は、何か特別な才能がある人だけのものではありません。私のようにリアルな社会を変えてみたいでもいいですし、お金を稼ぎたい、世界に通用する企業をつくってみたいなど、なんでもいいから、とにかく情熱があることが必要条件です。

ですから、**自分でやってみたい！と思ったときが、起業の始めどきです**。

ビジネスモデルがあるからやるのではなく、本気で自分のビジネスを始めてみたいと思ったら、そこから必死に頭を働かせてビジネスモデルをつくればいいのです。

そして、事業を軌道に乗せたらそれで終了ではありません。一度つくり上げたビジネスモデルにあぐらをかかず、常日頃からマイナーチェンジしたり、チューンアップしたりして、ピカピカに磨き上げていくのです。**「変化する者だけが生き残る」のは生物界だけでなく、ビジネスの世界にも当てはまります。**その変化を生み出す原動力は「何がなんでも生き残る」という経営者の情熱なのです。

イノベーションの始まりは「あったらいいな」にあり

いまの日本では、あらゆる業界で「イノベーション」が声高に求められています。イノベーション＝革新という言葉を、ひと言で端的に言い表わすとしたら、「あったらいいな」だと思います。

ＴＫＰは、世の中にある「あったらいいな」を忠実に実現してきた会社です。

取り壊しの決まっているビルを貸会議室に仕立てて企業を相手に時間貸しするのは、まさに「あったらいいな」の第一歩でした。そのうち、お客様の「あったらいいな」のニーズからオプションもどんどん増えていきました。お茶やコーヒーを販売する自動販売機を設置し、近くのお弁当屋さんと交渉して仕出し弁当を用意するようになりました。しかし、今度はお客様から「量が足りない」「美味しくない」などの声が上がります。そこでクオリティを高めるために、自社でお弁当を製造するに至りました。

会議室には、内容や目的に応じてさまざまな備品が必要になります。マイク、スピーカー、プロジェクター、スクリーンなども必要に応じて貸し出せるようにレンタル業も始めました。やがて、密集した都会のビルばかりではなく、風光明媚な土地での社員研修やセミナーが開催できたら喜ばれるに違いないという発想から、リゾート型施設の「レクトーレ」、会議室を備えたハイブリッド型高級旅館「石のや」を開業しました。また、ビジネスホテル併設の会議室ならば遠隔地から参加する人も便利に違いないということで、アパホテルとＴＫＰの会議室が一体化したホテルも誕生しました。

さらに、ＴＫＰのお客様である各企業を担当する営業マンは、会議参加者のホテル予約や交通手段の確保などの手配も併せて請け負うことで、まるごとお任せの研修プランも提供できるようになったのです。

創業から12年、ますます事業の多角化を進めるＴＫＰですが、すべての事業が軌道に乗っているのは、お客様の「あったらいいな」にまっすぐに向き合って現実にしてきたからだと思います。**「あったらいいな」の視点で考えることは、思考をシンプルにさせ、世の中に役立つイノベーションを見つける**最大にして、最短のヒントなのです。

一代目社長のマインドが圧倒的に強い理由

ベンチャー企業が大きく成長すると、社会に必要とされる会社に進化していきます。そうなると、会社は一代目社長から二代目、そして三代目へと引き継がれていくのですが、一代目と二代目には決定的な違いがあります。それは**攻める経営か、守る経営か**——という違いです。

一代目社長は、創業時は何もないところから一つひとつを築き上げていくわけですから、常に一歩一歩が攻めなのです。常にリスクを取り続けることで、企業としての成長を可能にしてきました。一方、二代目社長は就任した瞬間から、まず先代が築いたものを守ることからその職務がスタートします。

一代目社長とは、とことん夢を見る存在であり、そこへの期待値から評価される部分が大きいのです。

企業の拡大は、一代目の時代にどこまで成長できるかが第一の正念場だと私は考えています。世界のトヨタ、ホンダにしてもそうです。一代目社長のときに事業の基本ベースはほぼでき上がっています。

TKPにおいても河野貴輝という一代目社長の時代に、どこまで伸びるかが勝負だと思っています。限界なき成長をする世界企業にすることが私のミッションであり、2017年3月の東証マザーズ上場はその前哨戦です。

日本経済が右肩上がりだった時代は、二代目、三代目は守りのサラリーマン社長でも、一代目の築いたレールに乗ればそれなりの成長を続けることができました。

しかし、いまの時代、世の中の変化が激しく、一瞬で既存事業が崩れ去る時代です。守りに入った企業は、M&A、業界再編、新規参入などで、どんどんマーケットに居場所がなくなっていく一方になります。

いまや〝攻め〟が最大の防御である時代に入ったのです。

これからの時代の社長の役割とは、常に攻め姿勢でなければ存在する意味がありません。

つまり、リスクを恐れずに事業の切り捨て、新規開拓をスピーディーに判断できるかどうかにかかっているのです。

不況を大チャンスに変える企業のつくり方

経済の動向が毎日のようにテレビや新聞、ネットで取り沙汰されています。そして多くの人は、メディアが報じる景況判断に大きく左右されています。しかし、経営という視点から経済を考えるとき、世界経済や日本経済といったマクロのみからとらえていたら、足元の経済を見誤ることもあります。マクロはミクロの積み上げですが、そのミクロにあたる業界ごと、企業ごとに、雲行きはその時々で異なります。

ＴＫＰは自ら貸会議室業界というマーケットをつくってきたので、業界のリーディングカンパニーとなっています。それゆえに、プライスコントロールも効き、稼働率もコントロールできる立場にあります。ひとつのマーケットができれば、異業種が参入してきますが、それが脅威とならないように、ＴＫＰはより複雑化していくことで高い競争力を維持しているのです。このことについては、第４章で詳しくお話しします。

しかし、リーディングカンパニーの地位を確立する以前から、関連業界の景気の浮き沈みに左右されないように、私が貫いてきた経営方針があります。それは**「持たざる経営」という TKP 独自の資産戦略**です。

これまでお話ししてきたように、ＴＫＰの貸会議室ビジネスは取り壊しの決まったビルなど、訳ありの物件を安く借りて〝時間貸し〟することからスタートしました。それから各地に会議室のネットワークをどんどん増やしていく中で、当然、取り壊しの決まったビルのみならず、駅近や空港近くなど利便性の高いビルを探して展開していきました。

しかし、いくら収益が上がっても、ＴＫＰが不動産オーナーとなって貸し出すというスタイルは取りませんでした。なぜでしょうか？　本来、不動産ビジネスにおいては、労なくしていちばん儲かるのは土地や建物を持っているオーナーです。

しかし、私はあえてオーナー物件を増やすという戦略は選びませんでした。なぜなら不動産を増やせば増やすほど、不動産価格が下落したときのダメージが大きくなるからです。需要と供給のバランスが崩れて時間貸しの借り手がつきにくくなったとき、あるいは、現在の使用料では借り手がつかなくなったとき、銀行から多大な融資を受けていたら、使用料を下げようにも下げられなくなります。手放す選択をするにせよ、大損失は免れません。しかし、賃貸契約ならばオーナーに家賃の値下げ交渉をしたり、あるいは契約更新をとどまることで、景気の状況に合わせた調整が効きます。

つまりは、**ＴＫＰの強みである「持たざる経営」とは、所有権は放棄して、使用権で勝負する戦略**です。これによって、わが社は**不況に強く、少ない資金でビジネスを大きくする**ことができるようになったのです。

「持たざる経営」の強みを、身を以て強く実感したのは、２００８年9月に起きたリーマン・ショックでした。その影響で、ＴＫＰでは1か月で5億円分ものキャンセルが生じていました。当時、私は営業部長と仕入れ部長を兼任していました。営業先は製造業が主体で、自動車や電機などのメーカーの新入社員研修にＴＫＰを使っていただいていたのです。リーマン・ショックの直前までは、製造業は空前の利益を上げていたので各社とも研修などに力を入れていて、それに合わせた会場を確保していた最中でした。それがすべてキャンセルされるという事態に陥ったのです。その結果、月間１億円の赤字が生じ、さすがにこれは立ち直れないのではないかと頭を抱えました。

しかし、一筋の光が見えてきました。当時、リーマン・ショックが日本経済に与えた打撃は大きく、不動産市場が失速し、家賃相場が大きく崩れていました。ＴＫＰが契約していた不動産オーナーとの契約は、むしろ相場より高くなっていたのです。私はそこに目をつけて、「半額とまでは申しません。せめて４割下げていただけませんか」と粘り強く交渉して回ったのです。その結果、毎月２億円払っていた家賃を１億２０００万円ほどに減らすことができたのです。

家賃を４割下げることに成功したことで、貸会議室料金は３割下げました。すると、こ

TKPにおける
3つの行動指針

①スピード重視
チャンスはGET! 挑戦・撤退の決断

②Yes We Can!
顧客満足の最大化・感動を与える

③常に創造! 改善! 革命!

れまでとは違う大手外食産業や大手ＩＴ企業、各種試験会場といった顧客が増えて、顧客数はリーマン・ショック前の2倍に増えました。そのおかげで6か月後、売上げは1・5倍となったのです。

「持たざる経営」では、市場が右肩下がりのときは、借りている値段を下げてもらうか、運営受託契約で売上げを折半するなどで利益を継続的に生み出していく道が取れることがわかりました。**市場の上昇局面でも、下降局面でも利益を出せる、それが「持たざる経営」の強み**なのです。

第3章【成長】

「信用力・資金調達力・ブランド力」のエンジンを磨く

本当にいいビジネスは勝手に大きくなる
――「雪だるま式」経営のすすめ

六本木の小さなビルで始めた貸会議室が思いの外うまくいき、その数か月後には虎ノ門に第2号店をオープン。その次は、結婚式場に目をつけました。結婚式は土日に集中するので、平日は閑散としている隙間に狙いをつけたのです。式場の広いホールに長テーブルを搬入すれば、セミナーや記者会見場に使えます。賃貸契約は、売上げの半分を家賃として支払う折半方式としました。

基本の仕組みは同じです。活用しきれていない物件を探し出して賃料や条件を交渉し、リノベーションを施して必要とするお客様に時間で貸し出す。次の物件、次の物件と見て回るたびに、いろんなアイデアが思い浮かんできました。現場に行けば、次のビジネスのヒントが転がっているのです。

私が考え出した貸会議室のビジネスは、雪だるま式に大きくなっていきました。浜松町に本社があったときは、隣のビルの古い喫茶店が廃業したのを借り受けて、「ＴＫＰカフェ＆ダイニング」を開いたこともあります。朝は出勤してくるサラリーマンにコーヒーを販売し、午前９時になるとＴＫＰに出社、お昼になると今度はサンドイッチを売って午後１時には社に戻る。開かれた社員食堂のような場所で、社員たちの憩いの場でもありました。

とにかく**固定観念や世の中にある商売の枠にとらわれず、自由な発想でなんでもやってみるというのがＴＫＰの方針**でした。スペースを立ち上げたら、インターネットで利用を募る。お客様に喜ばれるサービスであれば、自然とリピーターがつきますから、あとは勝手に伸びていきます。

リピーターのお客様が増えるに従い、貸会議室も多様化させていきました。TKPの会議室の出発点である、地域密着型の小規模会議室「スター貸会議室」は、法人のみならず、個人のお客様にも小規模なミーティングや集会に使っていただけるグレードです。

その上のランクが、会議室・会議用途メインの集合体「ビジネスセンター」、会議・研修に最適な施設「カンファレンスセンター」、ホテルバンケットおよび大型多目的ホールを持つオフィスバンケット「ガーデンシティ」、そして最先端のラグジュアリーオフィスバンケット「ガーデンシティPREMIUM」と、5つの形態に広がっていきました。

「貸会議室」というビジネスがこれだけの広がりを持つとは、始めたばかりの頃は私も想像していませんでした。さらに私たちは、お客様の目的に合った最高の場所と設備、サービスを用意することに注力していきました。

本当にいいビジネスは、繰り返し広告を打ったり、安売りキャンペーンをしなくても、勝手に成長していくものです。経営者がもっとも力を注がなくてはならないのは、小手先の戦略ではなく、雪だるま式に成長が見込めるビジネスの仕組みを考えることなのです。

図｜貸会議室一覧

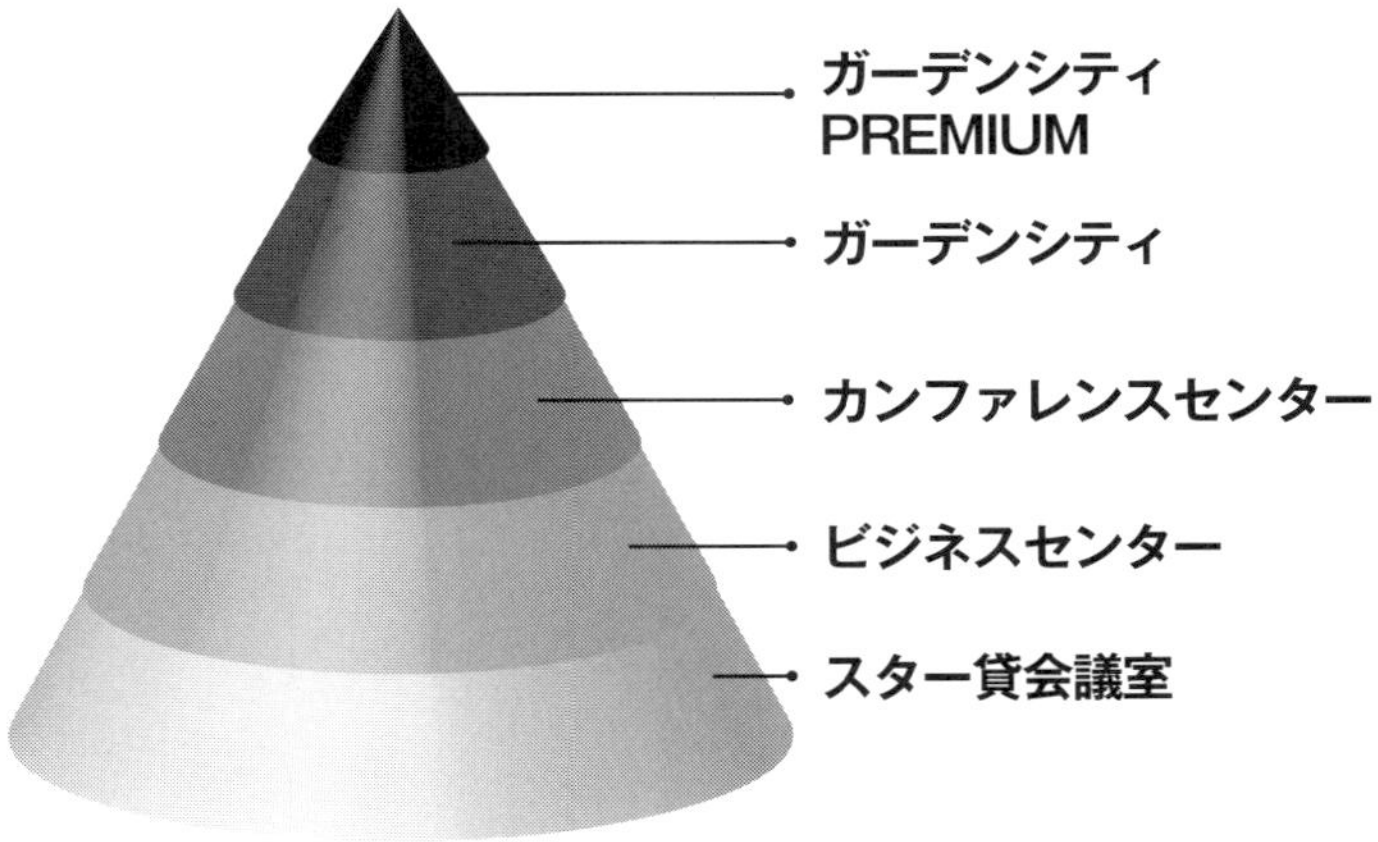

ガーデンシティPREMIUM	最先端のラグジュアリーオフィスバンケット
ガーデンシティ	ホテルバンケット、および大型多目的ホールを持つオフィスバンケット
カンファレンスセンター	会議・研修に最適なカンファレンス施設
ビジネスセンター	会議室、会議用途メインの集合体
スター貸会議室	地域密着型の小規模会議室

一人でやることには限界がある
——社員の力の引き出し方

創業当時、貸会議室の拠点が3か所に増えたあたりから、いよいよ私一人では回らなくなってきて、人を雇うようになりました。とにかく予約の対応をする電話番が欲しかったので、派遣会社に依頼しました。やってきたのは、髪を金色に染めた20代前半の女性。彼女はなんともマイペースというか独特の雰囲気を持つ女性で、電話番を頼んでも、すぐに切ってしまったり、予約日を間違えてしまうこともありました。

しかし、もともと私一人だけで始めた会社ですから、働きにきてくれるだけでありがたい存在です。そのうち、根はとても真面目な性格だとわかり、彼女も仕事を懸命に覚えてくれたので、正社員として雇い入れました。記念すべきＴＫＰの社員第1号です。いまも

ＴＫＰで働いてくれています。

それから、ハイスピードで拠点を増やしていったので、電話は常に鳴りやまず、猫の手も借りたいほどの忙しさでした。求人を出し、２人、３人、４人と社員が増えていきました。ＴＫＰの会議室はテレビ番組の収録などにも使われるので、延長が入り、深夜遅くまで利用が続くこともあります。そんなときは、社員同士でじゃんけんや入札で居残り担当者を決めるという、なんとも牧歌的な会社でした。

やがて浜松町に本社を置くようになる頃には、社員は20名に増えていました。

この規模の会社だと、社員一人ひとりが何役もこなさなければならず、また次から次と新しい拠点ができていくので、毎日がドラマの連続でした。弁当が届いてない、ダブルブッキングだ、ドアのカギが壊れた、トイレが詰まった、と日々さまざまなトラブルが起こります。こちら側も初めての体験であることも多く、そのつど社員同士で知恵を出し合ったり、協力し合ったりしながら、なんとか乗り越えていったのです。お客様からクレームがあれば、私が真っ先に謝りにいきました。

いまでも私は何かトラブルが生じると、我先に駆けつけようとして社員に制されることがあるのですが、**私のトラブル解決好きは、きっとこの頃からです**。トラブルやクレームの現場に行くと、何が問題で、何を改善しなければいけないかをつぶさに学ぶことができます。また、クレームやトラブルに真摯に向き合うことで、お客様の本音やニーズが見えてきます。そこから改善と工夫をして、また売上げが伸びる。クレームは、ＴＫＰがさらに成長できるありがたいチャンスでもあるのです。

伊藤忠商事時代の職場環境とはまるで異なり、創業初期にいた20人ほどの社員は個性派揃いでした。しかし、**個性的な人の集合こそ、ベンチャーの命**なのです。

思い込んだらテコでも動かなかったり、マイペースだったり、神経質だったり、いろんな社員がいるわけですが、基本的に私は個性として育てる方向で考えます。

何しろ、変わった人が大好きなのです。**社員という枠にはめ込むのではなく、どうやったら活かせるのかを考え、そしてやる気スイッチはどこにあるのかを探し出す**のが私の役割です。適材適所、要はその人が働ける場所をつくればいいのです。

いま、ＴＫＰで働く社員は、２０７９人（２０１７年７月現在）にも増えています。人を雇う側の立場ですから、「どうやって人を見抜くのですか」と聞かれることもあるのですが、創業初期から一緒に働き、現在は海外事業の核となっている執行役員の横岩利恵からは「人を見る目はない」と断言されています。何しろ私は中途採用や新卒採用の面接で、人を落としたことが一度もないのです。全員がよく見えてしまうので、いかにＴＫＰがいい会社か、夢を持って働ける会社かを逆に私のほうからアピールしてしまう始末です。

いま、ＴＫＰで不動産開発を担当している山科規康は、浜松町にあった本社のビルの物件を紹介してくれた不動産会社の営業マンでした。実はこの物件、曰くつきというか、私が借りることを、山科はオーナーに話してくれていなかったのです。そのためにオーナーが激怒して一悶着あったのですが、支払うべきお金を払ってなんとか追い出されずに済みました。あとから、どうなっているんだと彼を怒ったのですが、のらりくらり、飄々としていてどこか憎めないのです。

それ以来、罪滅ぼしのつもりか、掘り出しもの物件を持ってきてくれるようになりました。そのうちＴＫＰの事業に強く興味を持つようになり、一緒に働くことになったのです。

いま、ＴＫＰで展開する拠点の多くは、彼の不動産眼で獲得してきたものです。

私は、これからも「性善説」を取り続けると思います。失敗や損をすることがあっても、それは授業料だと切り替える。この人は使えるだろうかと疑心暗鬼で一緒に仕事するより、相手を信頼しきったほうが結果的に、よい方向に導かれると思うのです。

「信用力・資金調達力・ブランド力」で成長サイクルを加速させる

企業の成長を加速させるために欠かせない３つの要素があります。

それは、**信用力・資金調達力・ブランド力**。この３つは、日本で企業が成長するうえで欠かせない要素です。それぞれが独立しているのではなく、相乗効果を生んでいく相関関係にあります。つまり、信用力が上がれば、資金調達力が上がり、それによって事業が拡大できるのでブランド力が上がってくるのです。創業から12年間、休むことなくこのサイクルを回して成長してきたのがＴＫＰです。

2017年3月に東証マザーズに上場を果たしたことで、資金がマーケットから直接調達できるようになり、飛躍的に資金調達力が伸びました。また、株式市場に上場ということで、信用力とブランド力をも一気に押し上げることができたのです。

もちろん、創業当初は、信用力・資金調達力・ブランド力のいずれもありません。最初は、とにかく営業キャッシュフローと財務キャッシュフローを両輪の輪のように回して、資金調達力を雪だるま式に大きくしていくしかありませんでした。

たとえば、最初の手持ちの資金が500万円しかないなら、その500万円を商品に変えて1000万円で売れば、差額の500万円が営業キャッシュフローとなる。それを持って次は1000万円で仕入れして、2000万円で売る。この回転を重ねて、年間の資本回転率を上げていきます。

やがて利益が3000万円になれば、利益の10倍まで銀行で融資を受けることができるので、3億円の資金調達ができるのです。これが財務キャッシュフローです。

事業のエンジンが回れば、営業利益を得ながら、利益でレバレッジを効かせて銀行からお金を調達できるので、そのお金で設備投資ができます。すると仕入れ効率が上がるので、より安く商品を確保でき、利益率が上がります。会社の規模や取引実績が高まっていけば、バイイング・パワーが上がるので仕入れ値もコントロールする力も備えていきます。信用力とブランド力が上がってくるわけです。

ＴＫＰが創業から11年で年商２１９億円（２０１７年2月期）に達したのは、ただひたすらに、信用力・資金調達力・ブランド力の成長サイクルを回してきたからにほかなりません。潮目が大きく変わったのは第３期ぐらいからです。年商７億円から20億円に跳ね上がりました。投資効果と、コツコツと開拓してきたお客様が８００社に及び、信用力・資金調達力・ブランド力のレバレッジが効いてきたのです。

最初はごく小さな積み重ねかもしれません。しかし大切なのは、利益が上がったら懐に収めて満足するだけではなく、**利益は将来のために使うべきという思考**を持つことです。これができると、あるときから成長のスピードが爆発的に速くなっていくのです。

マンパワーに依存しすぎないビジネスモデルの背骨

黙っていてもお金が入ってくる仕組みをつくる——いつの時代も、これが理想的なビジネスの基本です。

事業を運営するうえで大きくかかるコストのひとつが人件費です。人を増やすことで事業を大きくしていくより、**人の労働を介さずして大きくなる事業の仕組み**を考えなければなりません。

たとえば工場を経営するとき、いくら規模を大きくしても、労働者を100人雇い入れていたら、利益のほとんどは人件費で出ていきます。ちょっと注文が減れば、すぐに赤字経営に傾いてしまいます。人が〝原価〟になる場合、どこまでいっても大きな利益は生まれません。

しかし、工程の一部をオートメーション化できれば20人で１００人分の生産ができるようになります。商品は安くなるし、労働者の賃金も上げられる。企業の業績も伸びるという、まさに「三方よし」が実現するわけです。

経営をするうえでは、なるべく人を〝原価〟にしないことです。設備が生産して、人はオペレーションをする立場で、作業はできるだけ「マニュアル化」しておく仕組みをつくることが成長する事業の肝です。

これからの時代、日本の労働人口は減る一方です。人口ピラミッドは逆三角形型に近づいていき、**少ない労働人口で日本経済を回していく必要性**が生じてきます。いかにしてマンパワーに依存しすぎないビジネスモデルを構築できるかが、これからの日本企業の大きな課題のひとつでもあるのです。

経営アドバイザーは社外の人材に求めよ

私の経営者としての信念のひとつに「**社長以上に社員は成長しない**」というものがあります。

自分自身が成長しなければ、社員の成長はないという戒めの意味もありますが、社長の矜持として、自分が社内でいちばん情報を持っていて、いちばんソリューション力がある人間であり続けなければいけないと考えています。

経営者によっては、自分よりずっと優秀な人材を社内に集めて、社長はその舵取りをしていけばいいんだと考える人もいるでしょう。もちろん優秀な人材は必要ですが、**頭脳は**

ひとつでなければならないのです。そうでなければ、社内に派閥が生まれ、いずれ内部分裂が起きて、会社としての一体感が失われていきます。

会社経営をクルマの運転にたとえるならば、どんなに大きなクルマでもハンドルを握って運転するのは一人でいいのです。何人もの人がアクセルを踏んだり、ブレーキを踏んだりしたらジグザグ走行となり、いつまで経っても目的地にたどり着くことはできません。

ですから、我が社の取締役は私と中村幸司の2名しかいません。あとは社外取締役です。シャープの元社長で、野村證券や小林製薬などで社外取締役を務めてきた辻晴雄氏、伊藤忠商事の代表取締役を務めた渡邉康平氏、三井住友銀行の元執行役員の早川貴之氏ら3名が、TKPのアドバイザリー集団です。TKPとは異なる分野で会社経営に携わってきた経営のプロたちが、私のサポートを務めてくれているのです。

ちなみに、辻晴雄氏は野村證券の取締役を務めていたときに、氏の講演会に参加し、経営についてのスピーチに大きな感銘を受けたのがきっかけでした。講演後、ご挨拶をさせていただき、訪問の約束を取りつけました。そして、訪問した際、経営に関する相談をして、明確な回答をいただきました。そのことが今日までつながっています。

また、2015年まで社外取締役を務めていただいたエイチ・アイ・エスの代表取締役会長兼社長の澤田秀雄氏もそうです。澤田会長とは、私が日本ビジネス協会に入会したときからお付き合いがあり、「ベンチャー企業は、経験に裏づけされた、社長に直言できる役員を揃えておかねばなりません」とのアドバイスを受けました。

さらに「あなたにブレーキをかける人がいないと、会社は成長しない」と厳しい忠告もいただいたのです。それまで人脈に頼らず、一生懸命自分で考えて、行動してきた私には沁み入るアドバイスでした。そこでTKPの取締役になってもらうことをその場で頼んだのですが、即答で断られました。そして、三顧を尽くしてようやく取締役になっていただいた経緯があります。

経営において最終決断を下すのは常に私自身ですが、困ったときや迷ったときに的確なアドバイスをしてくれる各分野のプロを社外に抱えておくことは大きな意義があります。TKPを客観的な視線で見て、率直な意見をくれる社外取締役は頼りになる存在です。

また、私自身も、会社を育て競争に勝ってきた彼らと対話することで、生きた勉強ができます。「社長以上に社員は成長しない」という信念を掲げる以上、常に変化に対応できる人間であり続けたいと日々精進しているのです。

キック&ラン戦法で、とにかく前進あるのみ

日本企業が海外に進出するときに、よく食い違いが生じるのが、海外企業との意思決定のスピードの差だと言います。日本の企業は、ひとつのことを決めるのにも大量のペーパーワークをこなして会議にかける。そして、社内調整を経たうえでようやく結論が出ます。一方、海外の企業は担当者に大きな権限があり、担当者の一存でビジネスを進めていく。その間に日本企業は相手企業の変化のスピードに乗り遅れてしまうのだといいます。

会社の規模にもよりますが、致命傷を負わないのであれば、**社内でああでもないこうでもないと言い争っている時間を惜しんで、ボールをまず蹴ってみる**ことです。ボールを蹴

って、どちらの方向に飛ぶかわからないけれど、とにかくみんなで走り出してみないことには話が始まりません。途中で相手チームにボールを取られてしまうこともあるかもしれませんが、走り出していれば、こぼれ球を拾ったり、奪い返すチャンスもあります。スタート地点で立ちすくんで何周も遅れているよりは数倍マシです。

いまは変化のスピードが速い時代ですから、**変化対応力は大きな経営課題**です。「変化創出力」と言ってもいいかもしれません。自ら変化を生み出していく——それができる企業は、市場で圧倒的シェアをつかめます。

ソフトバンクグループ代表の孫正義氏が「7割の確率があればやる」とおっしゃっていましたが、私の場合は「**5割の確率があればやろう**」です。

企業の規模が大きくなれば、もっと高い確率を求めるでしょう。それは多大な資金を投じて綿密なプランニングをかけられるから可能であって、会社が小さいうちは小回りを利かせて、どんどん走り出す戦法でいくべきだと思います。ダメなものはすぐにやめてロスカットして、次のチャンスに備えるのです。

この戦法は、ベンチャーの小さな企業のうちだからこそできる戦い方でもあるのです。

挑戦と撤退は、同じくらい重要な決断だ

ベンチャー企業が大企業に勝てる要素があるとしたら、それは**挑戦と撤退がスピーディーに実行できる**ことです。

いつの時代も世の中の変化に先鞭をつけたビジネスを始めるのは、たいてい小さな名もないベンチャー企業で、大手は可能性が明確になってきた段階で遅れて市場に参入し、資本力やブランド力を駆使してごっそり市場をかっさらっていきます。

大手に市場を独占されないためには、**他社が参入できないようにビジネスモデルを複雑高度化していく**こと、その過程でベンチャー企業自らも**信用力、資金調達力、ブランド力を急速に成長させていく**。そうやって業界ナンバーワンを獲得してきたのがＴＫＰです。

しかし挑戦一辺倒で、常に勝ち続けることはできません。チャレンジすること、勇気を出して決断することの大切さは、世の中でさんざん説かれてきたと思いますが、**誰も教えてくれないのが〝潔くやめる〟ことの重要性**なのです。大企業は、ベンチャー企業ほどすばやい撤退の決断とアクションがなかなかできません。社内の調整や雇用の維持、そして世間の注目もありますから、ゆるやかに撤退していく、あるいは決定を先送りして損失を重ねていく事態に陥りやすいのです。その点、ベンチャー企業は挑戦と撤退の小回りが利くのが強みになります。

多くの大企業は8、9割の可能性が見えてくれば、新規事業に乗り出します。信用力も、資金調達力もブランド力もないベンチャー企業が勝てるのはスピード感です。ベンチャー企業は、5割の勝率でも乗り出す決断力がなければなりません。

あるサービスや商品を世に送り出して3か月後も市場が評価してくれないとしたら、ゼロから考え直さなければなりません。もちろん、一時的に無理をして、いい結果を出すことも可能でしょう。でも、それは長続きしません。

私が会社をつくったときは、**3か月でうまくいかなければ撤退する**と、自分の中でルールを決めていました。

新たなビジネスを立ち上げる際に重要なのは、事業の可能性を見極める目と一歩を踏み出す勇気であることは言うまでもありませんが、情熱ある挑戦の裏側では、常に自らの〝リスク許容度〟と秤にかける冷徹な視点も必要です。経常利益の範囲内でリスクを取っていれば、致命傷は負いません。そういう意味で、会社の体力を鑑《かんが》みて、**どこまでならば赤字に転じないのかそろばんを弾いておく**必要があります。

そして、事業がスタートしたら、株で言うところの上昇トレンドに乗っているか、あるいは下降トレンドに入っているかを見極め、ある一線を越えたら迷いなく手放す。この撤退の決断ができないと、回復の余地がないほどの致命傷を負って、最悪の場合、倒産に追い込まれることになります。

いまでも私は、新しい事業、新しいサービスは3か月をめどに継続するか、撤退するかを判断するようにしています。ただ以前より、資金力も規模も大きくなっているので、その判断基準は「収益性」だけではなくなっています。**業界ナンバーワンの企業として社会**

的責任を持つようになってきたので、ＴＫＰがやらなければいけない分野、将来必ず必要になるであろう分野については判断をゆるめにしています。

ただ、どれだけ規模が大きくなっても〝リスク許容度〟の物差しは、常に頭に置いておく必要があります。どれだけ大きな企業であっても、リスク許容度を超えた挑戦は致命傷になり得るのです。

インターネットで完結させない。リアルなビジネスが強い理由

日本の主要都市に行けば、必ずと言っていいほど目にするようになったＴＫＰの赤いフラッグ。このマークからわが社の存在を知った人にとっては、ＴＫＰの始まりは〝ネットベンチャー〟だったと聞くと、意外に感じるかもしれません。

自分でビジネスを興したいと思っていた32歳の頃、六本木で取り壊しの決まった小さな雑居ビルを格安で借り受け、それを「貸会議室」として空間貸しするビジネスを始めたことはこれまでに何度かお話しししました。

しかし、顧客がつくまでが一筋縄ではいきませんでした。最初は、半径３００メートル

ほどの企業数十社に1か月5万円で使い放題の会員になってもらう「会員制貸会議室」にしようと計画しました。そこで、一人であちこちの会社に飛び込み営業したのですが、首を縦に振ってくれる企業はなかったのです。

潜在的なニーズはある……しかし、サービスとお客様のマッチングが私一人の力ではどうにもうまくいかなかったのです。そこで思いついたのが、インターネットを使って顧客を募集することでした。私は「貸会議室ネット」というサイトを立ち上げました。ネット上に予約システムと電話番号を公開し、トップページには「**1時間1人100円で借りられる会議室**」というキャッチコピーを掲げました。1時間5000円、50名まで使用することができるので、一人換算で100円ポッキリというわけです。

公開すると、瞬く間にお客様からの申し込みが殺到しました。六本木界隈で会議や会合、セミナーを開催したいという企業の担当者が自ら検索して、申し込んできてくれるのです。飛び込み営業していたときには得られなかった手応えでした。

以降、店舗が増えていくにしたがい、人員や部署も増えていき、現在ではＴＫＰの貸会議室は１８３８室、総席数13万席超、ニューヨークや香港、シンガポールなど海外にも展開し、業界ナンバーワンとなりました。この成長の源泉は、インターネットの力ではありません。インターネットはＴＫＰが大きく成長するうえでのテコのひとつにはなりましたが、むしろ、**ネット中心のビジネスモデルからなるべく早い段階で脱却することで驚異的な成長を可能にした**のです。

商品やサービスを売るネットビジネスは、やりとりや手続きをすべてＷＥＢで一元化することで手間や人件費を削り、その差額から利益を出していきます。しかし、ＴＫＰではインターネットを見たお客様が電話をかけていただくことで申し込みが成立します。人対ＷＥＢではなく、あくまで**人対人のビジネスモデル**なのです。

ＴＫＰを立ち上げる以前は金融業界に身を置いていた私ですが、ネット証券やネット銀行の設立に関わってきたことで、「ネット完結ビジネスの弱点」もよく理解していました。それは、**ネット販売で勝負する限り、常に価格競争にさらされる**ということです。貸会議室を必要とするお客様が自ら飛び込んできてくれるようになったということは、おそらくお客様は他社サイトと価格やサービスを比較して、ＴＫＰを選んできてくれているはずです。そこでＴＫＰより安いサービスが台頭してきたら、そこに流れるお客様の数も相当に多いはずです。

ＴＫＰにとって、インターネットは入り口にすぎません。その扉を開けた先には、お客様担当となる営業マンが控えていて、ニーズに合った会議室や宴会場を紹介し、備品やケータリングなど目的に応じて**オーダーメイドのサービス**を提供し、準備万端整えて会議当日に備えます。さらには、お客様の都合や使用頻度に合わせて、後払いや割引もできる柔軟なサービスを提供します。次回からは、お客様は担当営業マンへの電話一本で、ニーズに合った会議室が「ワンストップ」でスピーディーに手配できるようになります。

インターネットで完結させない、人対人のビジネスモデルを構築したことで、現在、年間でＴＫＰをご利用いただいている企業は全国で約２万３０００社、そのうち８割ものお客様がリピーターです。驚異的とも言えるリピーター率を生み出すことができたのは、Ｔ

KPがお客様の利便性、安心感を追求してサービスを多角化していったからにほかなりません。

貸会議室を利用するお客様が求めているのは、空間だけではありません。会場で流す映像や音楽のために音響映像機器を必要としていたり、弁当や飲み物、料理の提供を希望していることもあります。さらには全国から参加者が集まる会合で、参加者の交通手段や宿泊ホテルまで担当者が頭を悩ましているケースも少なくありません。こうした**会議にまつわるニーズをすべて引き受けるのが、ＴＫＰのソリューション力**なのです。

つまり、ＴＫＰは単に会議室だけを貸しているのではなく、ソリューションを提供している会社なのです。

音楽、ゲーム、ＳＮＳなどはネット完結型でもうまくいくのかもしれませんが、リアルな商品・サービスの販売をインターネットだけで完結しようとするといずれ行き詰まります。安い商品・サービスが他に出たときにあっという間に顧客が離れていくからです。ＴＫＰは、**貸会議室という商品に、ソリューションという付加価値をつけた**ことで、業界ナンバーワンの地位を不動のものとすることができたのです。

「売れ残り」を生まない優先順位を決めた営業スキーム

人に等しく与えられた一日24時間を、バケツという器にたとえて考えてみましょう。予定や行動は、バケツに入れる大小の石や砂です。バケツはあなたの一日ですから、そこに大小の予定（石や砂）を入れていきます。

小さな石や砂は軽くて運びやすいので、すぐに入れられます。でも、ラクにできる作業ばかりしていたら、結構入れたつもりでも半分ぐらいしか埋まっていません。しかも、あとから大きな石を入れようとしても入らなくなってしまうのです。

そこで、最初に大きな石を入るだけ入れてみたらどうでしょうか。そうすれば、バケツのサイズに対して最大限入るだけの大きな石が収まります。それから、小さな石を入れていきます。バケツを揺らしたり、傾けたりすれば、小石はコロコロと大きな石の間を滑り落ちていきます。それから砂を入れれば、わずかな隙間にサラサラと流れ込んで、最終的に大小の石と砂をめいっぱいバケツに入れることができるのです。

貸会議室というビジネスも同様です。1日、1週間、1か月の枠はあらかじめ決まっています。このスケジュールを埋めるのに、突発的に入ってくる小さな案件をどんどん先に入れていってしまったら、あとで大口の案件が入ってきたときに入らなくなってしまいます。

ですから、**まず大きな石から入れていく営業戦略**を取るのです。具体的には、毎年のようにTKPを利用してくださっているリピーター企業に、株主総会や展示会、研修、セミナーなどのニーズを先回りして予約を取りつけます。大きな予定ほど早く日取りが決められますから、数か月前に予約を入れていただくわけです。

スケジュールが埋まらなかった枠は、「貸会議室ネット」で広く募集をかけます。すると、大小の予定でスケジュールが隙間なくきれいに埋め尽くされていきます。

インターネットを入り口に、ワンストップサービスを提供して着実にリピーターを増やしていったTKPの貸会議室ビジネスですが、ただ〝待ちの姿勢〟で、申し込みが入れば応じるというだけでは、ビジネスとして成長性があるとは言えません。貸会議室という〝有限の資産〟を最大限に活かしきるために、**売り方に優先順位をつける工夫**をしたことも飛躍を生み出したひとつの要因なのです。

「もったいない」の発想でビジネスは無限に掘り起こせる

東京・市ケ谷駅から徒歩1分、かつてシャープの東京本社ビルだった地に、TKP本社ビルはあります。弊社を訪れたお客様は、まず受付に驚かれます。

普通の会社であれば、受付カウンターに受付スタッフがいて訪問客の対応をするわけですが、せっかく人がいるのに、それだけではもったいない。そこで、TKPの会社受付は、売店と小さな書店を兼ねるようにしてみたのです。

TKP本社ビルは、ワンフロアに本社機能を置き、他のフロアは貸会議室となっています。ですから、この「**受付版キオスク**」は、TKP本社を訪れる法人のお客様や会議室を利用されるお客様が、のど飴やドリンク、ペンなど、こまごまとした日用品を買うのに役

受付もTKP STORE & 総合受付に

Before

After

立ち、話題の新刊が並ぶスペースはちょっとした時間つぶしにもなります。外出先で身のまわり品の忘れ物に気づくことって時々ありますよね。そんなとき、コンビニまで走らずとも、さっと受付で買えるのですから、お客様にもけっこう好評なのです。

この**マルチタスクの発想は、ＴＫＰのビジネスの基本**です。いまあるものに新しい機能をプラスしてみる、皆が思いもしなかった価値をつけてみる。そうやって、みんなが「欲しい！」と思うようなサービスにつくり変えてきたのが、空間再生ビジネスの始まりだったのです。

貸会議室から始まったＴＫＰの空間再生ビジネスは、やがて弁当・ケータリング業、設備レンタル品、旅館・ホテル業といった周辺ビジネスを取り込み、ＴＫＰグループとして包括的なサービスを提供するようになります。このようにビジネスを拡大していった経緯も、どうせ提供するならば外注ではなく内製化するほうが、コストも下がる、クオリティも維持できるという**「もったいない」の発想が原点**だったのです。

最初からみんなが欲しいと思うものであれば、とっくに誰かが始めています。これまで誰も見向きもしなかったものを拾い上げて、ひっくり返してみたり、転がしてみたり、試行錯誤してみる。すると、つまらないものでもお宝に見えてくることがある。そう見えたら、ビジネスチャンス到来です。

リーマン・ショックを乗り切った脱出ストーリーの「転換力」

どんな企業であっても、いつ、何時も、順風満帆とはいきません。

穏やかな海に船出したと思ったら、向こうから雨雲がやってきて一瞬にして荒れ狂う海に投げ出されることがあります。大企業であれば大波を乗り越える体力や図体もありますが、小さな企業であれば押し寄せる波に一気に飲み込まれてしまいます。これまでの経営努力も水の泡——そうならないためには「**転換力**」が必要です。

そして、この転換力にかけては、組織の大きい大企業よりも、小さなベンチャー企業のほうが勝るはずなのです。

ＴＫＰも創業以来、経営の危機に瀕したことが二度ありました。一度目は、２００８年のリーマン・ショック。二度目は、２０１１年の東日本大震災です。

２００８年9月に起きたリーマン・ショックによって、日本経済は大きな打撃を受けました。新卒採用見送りなど、企業の経済活動が大幅に鈍化して、前述のようにＴＫＰの貸会議室は1か月で5億円分ものキャンセルが生じていったのです。

そのピンチの最中、私はあろうことか、アメリカに渡りました。日本のメディアでは暗黒時代の到来のように騒がれていたアメリカの不況が実際はどんなものか、この目で確かめてみようと考えたのです。

サンフランシスコから入り、ラスベガス、ロサンゼルス、ニューヨーク、ワシントンＤＣと西から東へ２週間かけてアメリカ大陸を横断しました。２００９年1月20日、ちょうどバラク・オバマ前大統領が就任演説をしたとき、私はワシントンＤＣのホテルでその放送を見ていました。

自分の目で確かめたアメリカ経済には活気がありました。日本で報じられていたのは、西海岸など一部の地域の不況だけで、アメリカ全体としてはむしろ景気がいいほどだったのです。

そのとき、ＴＫＰのニューヨーク進出を決めたわけですが、そのことはあとでお話しするとして、日本におけるＴＫＰのビジネスも大丈夫だ、むしろ攻めだ、と私は確信しました。いまは景気が悪いけれど、日本経済はこれから上がっていくから、これを機に足場を固めるチャンスだとわかったのです。

ＴＫＰは、不動産オーナーから物件を借りて、貸会議室として販売するという〝持たざる経営〟を主軸にしています。リーマン・ショックの影響で不動産マーケットは急降下していましたから、オーナーに賃料引き下げ交渉を行なったのです。

オーナーとは短期賃貸契約を結んでいるので、不採算物件は契約を打ち切って不況に備えるという手法もあります。

しかし、景気はまもなく盛り返すという確信があったので、マーケット相場が半額になっていることを説明して、家賃を40％下げてくれないかという交渉に出たのです。不況になれば借り手がつきにくくなりますからオーナーは承諾してくれました。

家賃が下がったことで、貸会議室の時間当たりの単価を30％下げ、値引きをしました。すると、それまでＴＫＰを利用していなかった企業が新たな顧客になりました。こうしてリーマン・ショックから６か月後、売上げは１・５倍とプラスに転じたのです。

私はアメリカ視察のとき、このピンチ脱出ストーリーの大枠を思いつきました。そして、リーマン・ショックの影響が叫ばれる２００９年２月から、ＴＫＰは守りではなく、攻めに転じたのです。

リーマン・ショック後のアメリカ視察では、帰りにカナダに立ち寄り、ナイアガラの滝を見学したのですが、船で近づいて見るのと、ヘリコプターで上空から眺めるのとでは天と地ほども違いました。

船に乗り間近で見ると、滝の周辺はそれこそ風と水しぶきの大嵐で薄暗くなり、見学者はずぶ濡れです。しかし、ヘリコプターで大空から眺めると、周囲は晴れわたり、雄大で力強い滝の流れが見えてきます。滝の始まりに目をやれば、大きな川から絶えず水が流れ込み、悠久の大きな流れを生み出していることがわかります。

ピンチを脱する脱出ストーリーを思い描くには、**目の前で起きている惨事に飲み込まれることなく、全体を俯瞰する〝達観〟が必要なのです**。目の前の嵐がすべてだと思わず、いま自分たちは大きな流れの中にいて、そこから一歩外に出れば、晴れわたっていることすらある。そのことがわかれば、ピンチを楽しむ感覚すら出てきます。そうなったら、ピンチはチャンスに変わるしかないのです。

3.11震災による危機を乗り越えさせた、ピンチをチャンスに変える教訓

２０１１年3月11日、東日本大震災が起こりました。あの日から日本は大きく変わりました。ＴＫＰもまた大きな転換期を迎えたのです。

震災後もまたリーマン・ショックのときのように、5億円近い予約キャンセルが生じました。

そして、タイミングの悪いことに、ＴＫＰではホテルの宴会場事業へと本格的に乗り出そうとしている矢先でした。震災からわずか1か月半後の4月28日に「ＴＫＰガーデンシティ品川」という、旧ホテルパシフィック東京の宴会場を大幅にリノベーションした最大

2000名収容できる豪華な宴会場のオープニングパーティーを予定していたのです。

外国人がどんどん日本から逃げ出し、はたして日本はどうなるのか、誰もが不安を抱えていた時期です。こんな時期に開催してよいものかと迷いましたが、決行することに決めました。まだ避難生活で苦しんでいる方々がいる最中でもあったので、最初は黙祷から始まりました。

日本中から大きなイベントが一気に自粛してしまっていた最中に私がオープニングパーティーを決行したのは、ある確信と決意があったからです。

ひとつは、**日本は必ずこの危機を乗り越えて復活するだろうという確信**、そして、逆転の発想で、**ピンチのいまこそチャンスに変えていこうという決意**でした。

東京都心からは、外国人が、そして外資系企業がどんどん逃げ出していきました。高級ホテルの宴会場はガラガラでした。その空洞に切り込んでいき、TKPの宴会場事業を一気に推進していこうと決めたのです。株で言うところの**逆張りの発想**です。

また、海外への進出も進め、東京のみならず地方にもより一層力を入れていくことに決めました。ポートフォリオの分散を初めて明確に意識するようになったのです。その結果、2011年の東京地区の売上げは全体の80％を占めていましたが、2012年には65％まで減少、2015年には60％と比率が下がっていきました。

こうして3か月後には元の売上げの月商6億円に戻り、5か月後には8億円を突破し、成長路線のカーブはますます高まっていったのです。**震災というピンチが、TKPを強くする**結果につながっていったのです。

安定化の土台となる黄金の顧客比率
――ナイアガラ型から、滑り台型へ

私は、移動のクルマや社長室に「ノート」を携えています。それはＢ５サイズの大学ノートであることもあれば、大判のスケッチブックのこともあります。テレビを見たり、打ち合わせをしている最中に、あるいは東京の街をひた走っている途中で、閃いたことや気になったことを書き記せるようにしているのです。

ある日、考えていたテーマは、企業経営を安定化たらしめ、収益を倍増させるチャンスはどこにあるかということでした。これは、経営に携わる者全員に共通する大きな関心事

のひとつです。

そして、ＴＫＰの顧客分布グラフを眺めているとき、ふと気づいたのです。

当時のＴＫＰの売上げは、上位2割のお客様が売上げの8割を占めています。入社式、社員研修、幹部クラス会議、セミナーなど定期的にＴＫＰの会議室を利用してくれるお客様です。あとの8割のお客様は、いわばスポット的な使い方で、必要性が生じたときに単発で利用される層でした。

図を見ると、全体の2割は高い数値を示し、残り8割はナイアガラの滝のようにガクッと落ち、ロングテールを描いています。この2割が離れてしまえば、壊滅的な事態になります。また、新規開拓をかけたとしても、ただロングテールを伸ばしていくだけならば、安定化にも収益増にもあまり寄与しないのです。

ナイアガラ型から、滑り台型にすればいい――そのとき、閃いてすぐグラフを描きました。いま、ロングテールで低い数値にとどまっている企業の利用頻度を上げていく営業に注力することに決めたのです。

図｜ナイアガラ型から、滑り台型への原案

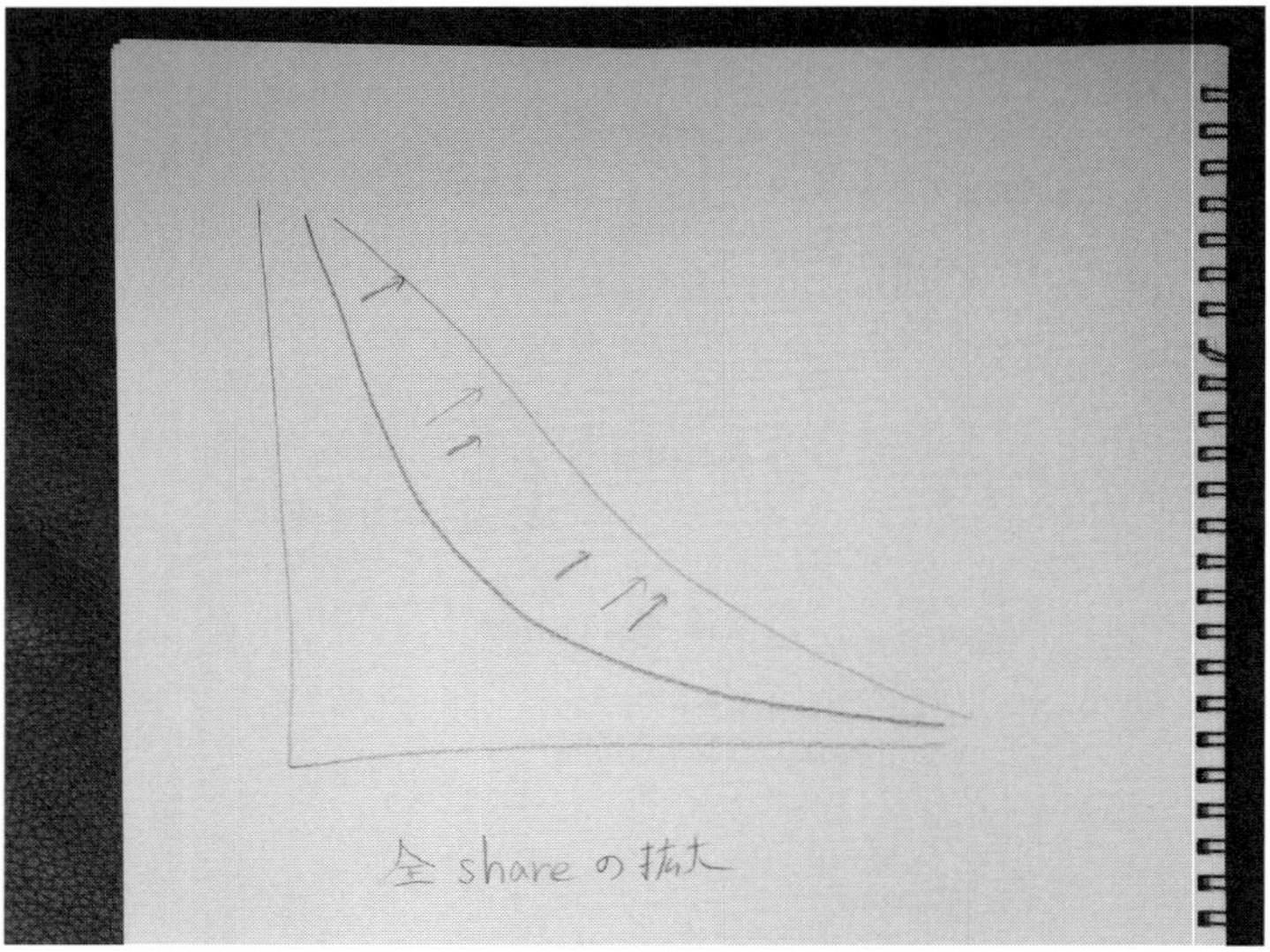

残り8割の企業を深掘りして、利用頻度を上げていけば、急降下のナイアガラ型から、なだらかなカーブを描く滑り台型になります。**カーブが膨らんだ分だけ、ここは収益になる**のです。こうすることで、上位2割の顧客企業に頼らずとも全体がVIP化します。顧客の層が文字どおり厚くなり、経営は安定化します。

そこで立ち上げたのが、「VIP営業部」でした。リピーターとなっている企業からはだいたい2、3か月前から予約が入ります。また、スポットで利用する企業は、1か月か

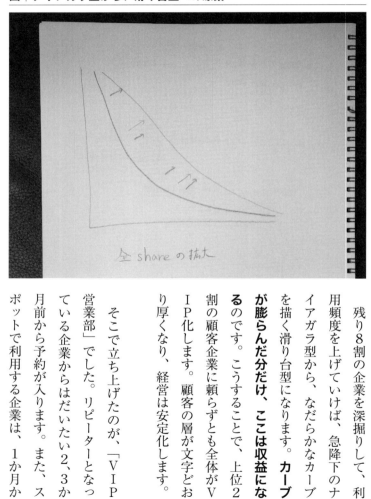

図｜ナイアガラ型から、滑り台型へ

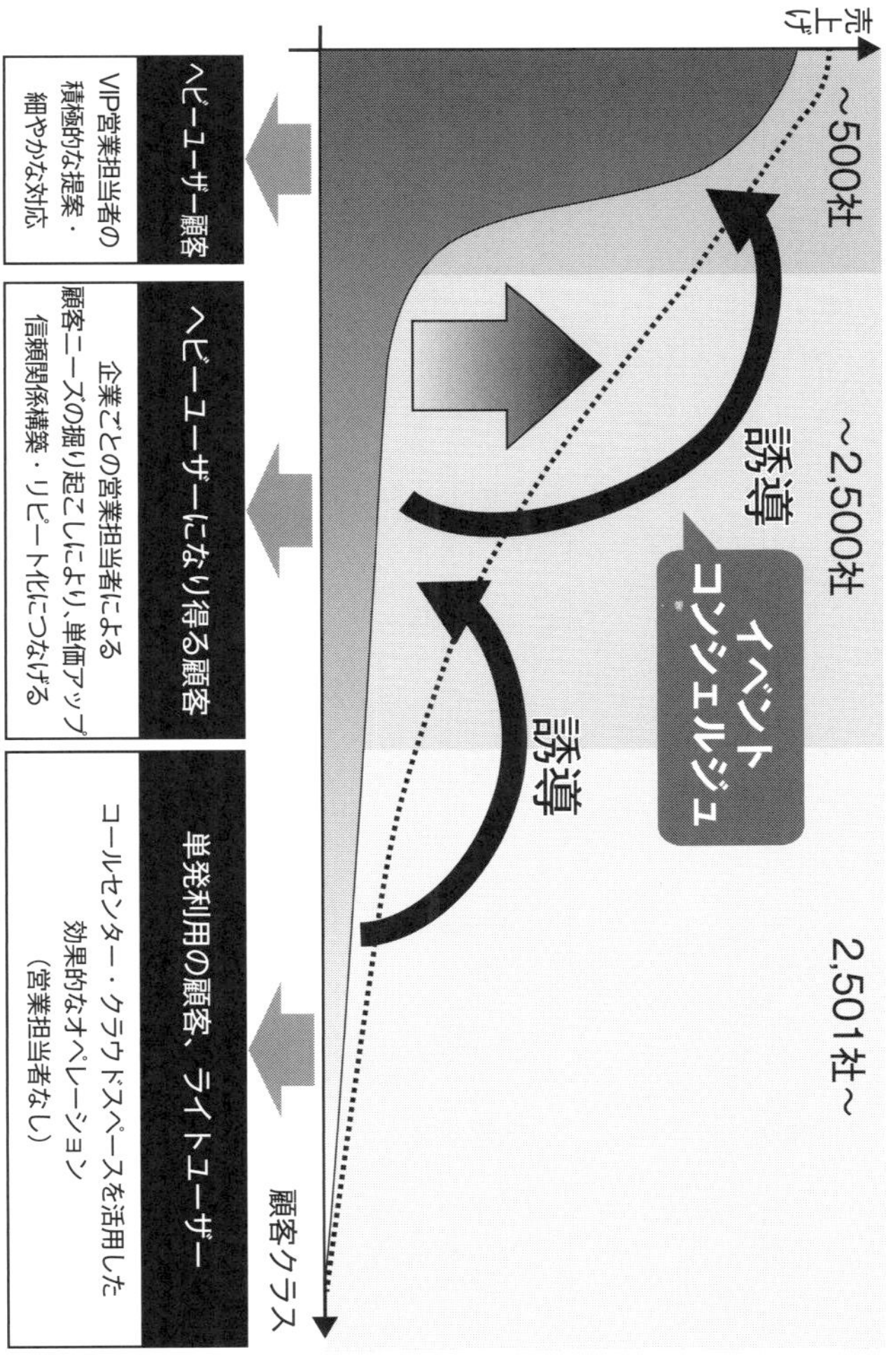

ら直前ぐらいまでコールセンターに電話が入ります。

こうした収益の未来予測を立て、歩留まりを浮き彫りにし、それを埋めるように先回りして営業をかけていく。お客様に豊富なメニューを示しながら、お客様自身に選んでもらうアプローチができる営業強化に力を入れたのです。また、ホームページを見てコールセンターにかけてきてくれたお客様から、「リピート申し込み」へと導くサービス体制をどうつくるかも、コールセンターを中心に戦略を練りました。

満遍なくあらゆる業種、あらゆる企業をお客様にすることで業界不況にも強く、仮装取引や偽計取引などで一部の会社に便宜を図るようなことも必要ありません。「みんなのTKP」となることで、圧倒的な強みを手に入れたのです。

第4章【変化対応力】

変わり続けることが、企業の生命線を握る

周辺マーケットを取りにいけ
——貸会議室から宴会・ホテル業への拡大

貸会議室から始まったＴＫＰですが、現在では、弁当・ケータリング事業、レンタル事業、ビル管理事業、宴会・ホテル事業、イベント運営事業、そして海外６か国７都市での貸会議室事業とグループとして拡大しています。

これはやみくもに事業を拡大してきたわけではなく、変化のキーワードは**「内製化」「多角化」「国際化」**にあります。これらの事業は、本業である貸会議室ビジネスを補完する役割を果たし、貸会議室マーケットの限界を破って、新たなステージを開拓するための足がかりでもあるのです。

まず「内製化」。弁当・ケータリング事業、レンタル事業、ビル管理事業が当てはまります。これらの分野は貸会議室そのもののクオリティに関わる重要な部分であり、利益が取れる分野でもあります。資金力が十分でないうちは外注でも致し方ありませんが、**外注である限りクオリティコントロールがなかなか及ばないのが現実**です。しかも、食中毒や食品偽装問題でも起こしてしまったらどうでしょう。あるいは、美味しくなかったとき、それはＴＫＰの評価につながります。外に委託することでリスクを切り離すという発想もあるかもしれませんが、問題が生じたときにいちばんに名前が挙がるのはＴＫＰです。

そこで、わが社では大正時代創業の常盤軒という駅弁工場をＭ＆Ａし、自社で弁当・ケータリングを内製化することにしたのです。そうすることで、**いい材料を使い、美味しさに太鼓判を押せる弁当やケータリング料理を安く提供できます**。そして、会社の利益も増えるわけです。

また、会議室では、グレードや快適性を高めるために、テーブルや椅子など什器も定期的に総入れ替えを行なっています。こうした中古の什器は大きなイベントなどの際にまだ使用できますから、**レンタル業を始め、再利用の道をつくった**のです。減価償却が終わっていますから、ほとんど元手をかけずに始められるビジネスです。

「多角化」は、宴会・ホテル事業が挙げられます。最初は小さな会議室の空間レンタル事業でしたが、ニーズに合わせてグレードを広げていくうちに、やがてホテルの宴会場と競合するようになりました。**貸会議室のビジネスだけだとマーケットに限界があります**。早晩、天井にぶつかって成長が鈍化しますから、ドメイン・範囲は拡大していく必要があります。

私がＴＫＰを興した２００５年以降は、ちょうどホテル業界の再編が始まった時代でした。宴会場やレストランを有する中堅どころのシティホテルに代わって、宿泊に特化したエコノミーホテルが台頭しだしたのです。豪華でお金がかかる宴会場も同様です。

そこで、ＴＫＰは料理人や給仕などの人を雇っておく必要がない宴会場を打ち出し、支持されるようになりました。夜はバンケット、懇親会、パーティー会場として、土日は学会、試験会場、ディナーショーなど自由自在にフル活用できます。**ホテルよりも割安、なおかつ利用しやすい宴会場を提供する**ことで、ＴＫＰはホテルマーケットに少しずつ食い込んでいったのです。

そこを皮切りに、会議室を併設したハイブリッド型のビジネスホテル「ＴＫＰ×アパホテル」、ホテルと研修施設が合体したビジネス向け貸切リゾートの「レクトーレ」、会議室完備のハイブリッド型温泉旅館「石のや」と、宿泊事業へと発展していきます。

ある意味、ＴＫＰによるホテルの再生事業でもあります。かつて企業がこぞって所有していた福利厚生施設や社員寮、高級温泉旅館がもはや自前で管理・運営が難しくなり、売りに出されています。これをわが社が新たな運営手法でハイブリッドホテルとしてよみがえらせていくという**空間再生流通ビジネス**なのです。

さらに「国際化」。これはニューヨーク、ニューアーク、シンガポール、香港、台湾、ミャンマー、マレーシアの6か国7都市に展開する海外のＴＫＰ貸会議室ビジネスです。

私は、日本発のビジネスであるＴＫＰの貸会議室を世界で広げていきたいと考えています。最初に先鞭をつけたのは、起業から8期で進出したニューヨークでした。世界一の都市と言われるニューヨークですが、サービスや食事の質に関しては、日本は決して負けていません。もともとアメリカはパワーランチが盛んで、地価上昇が続いていますから、ＴＫＰのビジネスはニーズがあるはずです。**アメリカ、アジアの主要都市を皮切りに、世界のどこの国でもＴＫＰの会議室が使える**状況をつくり出していきたいと考えています。

貸会議室にだけ特化していたら、今期の268億円にも及ぶ売上げは見込めませんでした。ＴＫＰ流の成長戦略は、**体力が出てきたところで積極的にリスクを取り、周辺事業を深掘りしていく**ことにあります。それによって、売上げが2倍、3倍と加速度的に伸び、三次曲線を描くようになっていったのです。

テクニックより〝サプライズ〟で攻めるビジネス交渉術

ネットビジネスを立ち上げていた20代の頃から、経済界のキーパーソンと呼ばれるような、さまざまな企業のトップと交渉を重ねてきました。

社長となったいまでも、**私の主な仕事のひとつに〝交渉〟が占めています**。自社にない技術・ノウハウを持っている会社と業務提携する、有利な条件で取引を成立させる局面などでは**トップの交渉力が会社の未来を決める**と言っても過言ではありません。

交渉術というと、話の展開やテクニックなどで相手を丸め込んだり、魅了することだと思われるかもしれませんが、百戦錬磨の敏腕の経営者は、こうした表面的なことには踊らされません。彼らが見ているのはもっと実質的な部分だからです。

私は交渉術とは、サプライズで決まると考えています。少しでも自分側に利する条件で交渉をまとめたいのは誰しも同じです。自己に有利な条件を、手を変え、品を変え、見せたところで相手の心は動かせない。だから、相手に利する〝サプライズ〟な条件を広げて見せればいいのです。

わかりやすく言えば「ギブ&テイク」の精神です。相手のテイクの部分に大きくフィーチャーして、「**わが社と提携すれば、御社にこんな発展・利益・将来性がもたらされる**」と相手が想像もしていなかったレベルまでストーリー仕立てで披露してみせるのです。

ただ難しいのは、交渉をするまで相手の本当に欲しいものは見えてこないということです。こちらは予測を立ててある程度は準備はしますが、それが相手の意に沿うものかどうかはわかりません。ですから、**出たとこ勝負で臨機応変に対応する**ことのほうが多いのです。相手のストライクゾーンがどこなのかを、内角高め、低めなどと球筋を変えながら探っていく。とっさにその場で判断してサプライズをつくり上げてしまうこともありますが、即時対応、即時決断も「変化対応力」なのです。

失敗の経験が、次のチャンスをつかむ原動力となる

「リスクなくして成長なし」――これは、リーマン・ショックと東日本大震災と二度のピンチをくぐり抜け、12期連続で右肩上がりの成長を生み出してきた私の成長セオリーです。これまでどちらかというと、成功したストーリーを中心に話してきたかもしれません。しかし、その裏側で失敗もたくさんしています。これはいける！と思って乗り出したものの、やってみると、オンボロのビジネスモデルだったということもあるのです。

重要なのは、その失敗が致命傷になっていないということです。致命傷になってしまったら、それは本当に取り返しのつかない失敗です。ですから、会社が存続して、社員にき

ちんとお給料を払えている状況であれば、私は失敗とは呼ばないのです。

２０１４年以降、ホテル事業を次々と成功させてきましたが、実は２００６年には、わずか４か月で撤退して痛手を被りましたが、同年後半、札幌市内で駅から少し離れた立地のホテルをリノベーションして、宿泊と会議室、宴会場が一体になったビジネスホテルに乗り出したのです。しかし、客はほとんどつかず、始めてすぐに悟りました。会議室と宴会場は立地がすべてであるということ、そして宿泊に関しては当時、時期尚早であったということです。

唯一、成功した部分があるとしたら、すばやく撤退を決めたということぐらいでしょうか。実際のところ、**新たに始めたビジネスがうまくいくかどうかの感触は、営業初日でわかるのです**。ただ、次の日に撤退するわけにはいきませんから、一応いろいろ検証をしたうえで、撤退の準備や手続きをすると数か月かかってしまうというわけです。

数億円をドブに捨ててしまったようなものですが、実は、この札幌での経験が礎になって、その後のＴＫＰのホテル業進出の快進撃が始まります。札幌のホテルから撤退した翌月の2007年1月、今度は博多駅近くのシティホテルで、宴会場だけ借りることにしたのです。そのとき、札幌の経験からホテルの仕組みを理解するようになっていましたから、ホテルの運用のままでは赤字になることはわかっていました。

そのシティホテルはランニングコストが毎月2000万円かかるのに対し、売上げが1500万円と大赤字を出していました。私たちはコストを1000万円まで下げることにしました。ホテルの慣習を排除して、厨房はパントリーに切り替え、食事はケータリングにしました。20人以上いたサービスマンも、10人に絞って人件費を適正化。福岡は、東京から一日に何本も飛行機が飛んでいる一大経済圏ですから、東京でも営業を行ないました。こうして売上げは1・5倍になり、ドル箱のホテル宴会場に生まれ変わったのです。これがTKPとしてホテルクオリティの会議室を誕生させた第1号でした。

博多での成功を皮切りに、ホテルの宴会場の〝貸会議室化〟に乗り出しました。時期尚早と判断した宿泊に関しては、業界大手のホテルチェーンであるアパホテルとタッグを組むことに決めたのです。

このホテルは、TKPの顧客企業にとても好評です。研修や会議で出張するとき、宿泊する客室と会議室が同じ建物の中にあれば、こんな便利なことはありません。**TKPお得意の「安・近・便」をホテル宴会場でも実現できたビジネスモデル**となったのです。

２０１４年の「アパホテル〈ＴＫＰ札幌駅前〉」の開業により、８年前、ほうほうの体で撤退した札幌に返り咲くことに成功したのです。

ＴＫＰのホテル業への進出は、ホテル業界に新たな革命をもたらしました。

かつてシティホテルには宴会場や会議室が付きものだったのですが、デフレ時代に宿泊特化型のリーズナブルなホテルに人気が集まっていきました。ＴＫＰは、ふたたびホテルに宴会場や会議室を戻したのです。ただ戻したのではなく、時代のニーズに応えて最適化したものを入れる。この〝空間再生〟こそが、ＴＫＰがもっとも得意とするところです。

「金は天下の回りもの」とよく言いますが、失敗もまたしかり。失敗は、経験則を上げるチャンスだったと割り切って、次を見据える。それが、経営者の役割です。

会社を強くするのは、アウトソーシングより内製化

会社の業務をアウトソーシングすることで、効率化を図ったり、変化対応しやすい組織に変えていくという発想があります。この方法がフィットする業種もあるのかもしれませんが、**TKPは一貫してインソーシング（内製化）を高めることで成長してきた会社**です。なぜなら、利益率や顧客満足度、そしてビジネススキルの蓄積を考えたとき、内製化していくことはとても有利に働くからです。

アウトソーシングする限り、利益は協力会社と折半することになります。そして、協力会社は必ずしもＴＫＰを使用してくださっているお客様のほうを向いているとは限りませ

ん。よりよい商品、よりよいサービスを本気で提供していこうと思ったら、外部に任せきりではなし得ないのです。そのわかりやすい例が、先にも述べた老舗弁当工場をM&Aして実現した、弁当・ケータリング事業の内製化です。

そして、**社内のビジネススキルを高めるうえでも、内製化はいい〝勉強〟のチャンスです。**いくら幅広い事業を展開しても、そのサービスが外部のスキルによって提供されているものであれば、改善や効率化を生む新たな発想は内部から生まれ得ないのです。ですから、TKPでは新たな事業に乗り出すとき、未経験の分野であっても社内の誰か、もしくは私自身が陣頭指揮を執って、自分たちでやってみるのです。失敗することもありますし、試行錯誤する羽目になることもありますが、これがまさに経験値なのです。

私が思うに、基本的にアウトソーシングを受けるだけの立場になってはいけないということです。自分たちがアウトソーシングをされる立場になるべきです。貸会議室というコアビジネスの根本はそうですし、TKPが貸会議室の周辺事業として展開するケータリングやレンタル業、ビル管理業は他の企業から受注することができますから、グループ全体としては経営を支える柱がいくつもできることになるのです。

みんなが反対する分野にブルーオーシャンは隠されている

あなたが、組織のリーダーだったとします。ある日、これは絶対にやりたいという新規事業を思い立ちます。しかし、いざ会議にかけてみると非難轟々《ごうごう》。「利益が見込めない」「ニーズがない」「できるはずがない」などさんざん言われようです。さて、あなたなら、どうしますか？

私だったら、**反対されたことで、ますます自信を深める**と思います。

みんなが「うまくいく！」と口々に言う事業計画であれば、近い将来、過当競争になり、マーケットは供給過多に陥っている可能性が高いからです。**大方の人に反対されるという**

ことは、競争相手にも予測できないということなのです。

ＴＫＰのＤＮＡであるイノベーションとは、いま世の中にある価値をひっくり返すことです。ですから、反対をされることでますます私の中で確信が深まっていくことのほうが多いのです。反対されるほどやりたくなる、天《あま》の邪鬼《じゃく》な性格なのかもしれません。

伊豆長岡にあるＴＫＰのハイブリッド型旅館「石のや」も当初は、大きな反対を受けました。リーズナブルな価格で貸会議室事業をコアにしてきたＴＫＰが、突如、高級温泉旅館を経営するというのですから、社外取締役会をはじめ大変な反対に遭いました。経験がないこともありますが、いま日本の温泉旅館は、一部を除いて経営難の旅館が増えていますから、何もわざわざ乗り込んでいかなくても……ということだったのです。

「石のや」が成功したのは、既存の旅館ビジネスの土俵で勝負しなかったことです。単なる温泉旅館ではなく、会社の研修施設としても使えるようにしたのです。

かつて大手企業がこぞって保養施設を持っていたのは、仕事を離れてリフレッシュすることで会社の勢いや社員のエネルギーを高めるのに一役買っていたからです。
会社から離れて、景色のいいところで美味しい料理を食べて、温泉に浸かって、時間を気にせず会議なり、研修なりに励む。スキルアップと同時に、社内のコミュニケーションも深まり、いい相乗効果が生まれていました。

しかしいまの時代、企業は普段めったに使わない保養所を持っていても非効率です。かといって、ふつうの温泉旅館では会議設備も十分ではなく、宿泊料金も高くつきます。「石のや」のような全室温泉風呂付きの旅館に泊まろうとすると、1泊一人当たり3万円近くしますが、研修で1部屋4名で泊まるならば、一人当たり半分ぐらいの価格で提供できます。しかも、プロジェクターやスクリーンなどの会議設備も充実しています。これなら使ってみたいという企業が出てくるだろう、そう確信しました。

研修や会議というのは、未来に向けた生産的なアクション、発想を生み出す場ですから、空間があれば、どんな場所でもいいわけではないのです。**明るい展望を持ち、自由な発想が生まれるようにするには、空間プロデュースも大切なのです。**

ＴＫＰは、老舗高級旅館を借り上げてリノベーションし、モダンで落ち着いた空間につくり変えました。和室にベッドを入れて布団の上げ下ろしの手間をなくし、全室温泉風呂付きで、心ゆくまでくつろげる客室にしました。そして館内には、会議室やライブラリー付きのブックカフェなどのパブリックスペースも充実させました。

かくして、「石のや」は、平日は企業研修や会議、休日は一般温泉客で賑わい、インバウンドの恩恵も受けて外国人旅行客も訪れる、人気の新しい宿泊施設になったのです。

最初から１００％成功する確信があったわけではありません。自分の中では70％くらいの確信でしたが、最初の社内の反応はせいぜい50％くらいでした。一般的な大企業が90％の可能性が見えたら動くところを、50％でも動く。数字的な裏づけは取りますが、実際のところはやってみないとわかりません。世の中、どれだけ勝算を見込んでいても、走り出したらボロボロだったなどということはいくらでもあるのです。

最終的には、経営者としての私の勘がものを言いました。勘というと、あやふやに聞こえるかもしれませんが、**勘の正体は、これまでの人生経験で培ってきた総合的な経験則的**

なものではないかと私は考えているのです。これまで自分が見聞きし、体験してきた経験勘が頭の中で整理され、データベース化しています。そこから導き出される答えが「勘」なのです。人の意見に耳は傾けますが、必ずしも従う必要はありません。自分のビジネスの勘を頼りに突き進む勇気も、経営者が持つべき姿勢なのです。

異業種参入者であることを恐れる必要はない

貸会議室ビジネスは、基本的には不動産業に近い形態です。私は金融ＩＴ業界出身ですから、不動産ビジネスに関わった経験はゼロ。しかし、業界の慣習を知らないことが半ば強みとなって、ＴＫＰ独自の賃貸契約のフォーマットをつくり上げることができたとも言えるのです。

業界を知らないということは、よい面、悪い面の両方があると思います。

こちらに知識がないのをいいことに、不動産業者に騙されたこともあります。いつまでも初心者では潰されてしまいます。自分で必死に勉強をして遅れを取り戻し、キャッチアップしていくことは必要です。

しかし、業界の馴れ合いに染まりきってない分、業界を停滞させる一因となっている〝**慣習**〟**に疑問を抱き、それを打ち破るイノベーションを起こしやすい**という強みが異業種コンペティター（競争者）にはあると思います。

いまや都市部最大手のホテルチェーンとなったアパホテルも、ホテル業界の慣習を打ち破ったことで大きくなった会社です。

アパホテルの元谷芙美子社長はホテル業の未経験者を積極的に雇い入れ、無駄を徹底的に削るという理念のもと、宿泊に特化したホテルで高品質・高機能の満足度の高い客室をリーズナブルな価格で実現したのです。

慣習が横行し、業者が利益を食い合っているような業界は寡占化していますから、たいてい価格も割高で硬直化しています。そこに**異業種コンペティターが〝慣習〟を破って、低価格でサービスを提供していけば客がどっと流れ込んでくる**のです。

TKP最大の成長力とは、変化対応力にある

私の起業の原点は「実体のある本物のビジネスをつくり上げたい」という思いでした。言ってしまえば、最初は商品はなんでもよかったのです。たまたま「貸会議室」を商品化できると閃いた。そこからがむしゃらに走り続け、12年の間に、国内外に13万席を超える規模に成長させてきました。

これだけの成長を可能にしたのは、貸会議室ビジネスを中核に置きながらも、貸会議室ビジネスだけにこだわらない、変化対応力だと自負しています。

言うなれば、**自分たちのビジネスモデルよりも、世の中の変化に柔軟に対応することを**

第一としてきたのです。それが経営の多角化であり、内製化であり、リーマン・ショックと東日本大震災の二度のピンチを脱する突破口を切り開いたのです。

私の独自の理論なのですが、**変化対応力とは「先入観を持たない」こと**だと思っています。起業前はディーラーとして株式投資を生業《なりわい》にしてきた私ですが、「株価が上がるか、どうか」――それは、実は誰にもわからないのです。

下がると思っている人は株を売りますし、一方、上がると思っている人はその株を買います。そうやってマーケットは成り立っていくのですから、「上がるのか、それとも下がるのか」という議論自体がナンセンスなのです。ただ、いま目の前にある価格、マーケットプライスが〝答え〟なのです。その発想からすれば、みんなが上がると期待しているから買う、みんなが下がると言っているから売るというのはおかしな話なのです。

ビジネスの答えは〝いま〟にあります。過去の成功経験や周りの人の意見や予測ではなく、いま、そして少し先の未来にフォーカスすれば、いまやるべきイノベーション、つまり変化対応は自ずと見えてくるのです。

世界展開を見据えたニューヨークへの挑戦

２０１３年に、はるか地球の反対側のニューヨークに進出したのには理由があります。それはＴＫＰの海外進出の目指すところが、単に成長率の高い国から利益を取りにいくためではなく、**「世界のＴＫＰ」となることを目標としている**からです。それには、なるべく早い段階でハードルの高い世界第一の都市ニューヨークをまず攻略すべきだと考えたのです。

実は、ニューヨーク進出は２００９年頃から頭にありました。リーマン・ショックでアメリカ経済が恐慌に陥ったと日本で騒がれていた時期、私はアメリカに渡り、あまりにニユーヨークの景気がいいことに驚いて帰国したことは先にも書きました。景気と不動産市場は連動しますが、ニューヨークの不動産物件の稼働率は数字上では100％に近いのです。しかし、そこには「からくり」があることに気づきました。

翌年、時間をつくって、もう一度ニューヨークに飛びました。そして、自分の足で物件を見て回ると、「available（即入居可）」と札が付いている物件がゴロゴロあるのです。ニューヨークの賃貸物件は、10年定期など長期の定期借家契約が一般的です。そのために、サブリース（転貸）マーケットが発達していて、実際の稼働率は80％ぐらいだったのです。要するに、サブリースは「訳あり物件」のことですから、これは訳あり物件を商品化してきたTKPに、ビジネスチャンスがあるのではないかと考えたのです。

2013年、満を持してニューヨークに進出を果たします。この挑戦は思った以上に、ハードなものとなりました。私たちは現地のパートナー企業などを介さず、自分たちで探し、交渉する道を選んだのです。

ニューヨークでのビジネスは、日本のそれとは文化的にも、商業慣習的にも異なることも多く、カルチャーショックの連続でした。

現地のパートナー企業にまる投げすれば、こちらの要望どおりの物件を見繕ってもらい、条件を出せば交渉してくれるでしょうが、それではパートナー企業頼みになってしまい、TKPの独自ノウハウを構築していくことはできません。

だから、**いつものTKPらしく、自分たちでやる方針を貫いた**のです。もちろん、その分リスクは高まります。ですから、小さく始めてリスクをカバーできる範囲での挑戦からスタートしました。「**小さく生んで大きく育てる**」これもTKPの経営哲学のひとつです。

ニューヨークではさまざまな物件を見て回り、それぞれのエリアごとの特性やニーズを見極めました。そして、ニューヨークのど真ん中、タイムズスクエア近くの総床面積約1000坪分のビルに決めました。3か月で内装工事を済ませて開業する予定でしたが、なんと工事は2年にも及び、予期せぬコストが膨大にかかってしまいました。

パートナー企業と組んでいたら避けられた損失だったかもしれませんが、現地の業者との付き合い方を学ぶことができたのは大きな収穫だったと思います。手痛い出費でしたが、中長期的にこれから全米で、世界で、ＴＫＰの貸会議室を展開していく段階で〝減価償却〟でき、また利益に大きく跳ね返ってくるものと割り切っています。

現在、ＴＫＰの貸会議室はニューヨーク、ニューアーク、シンガポール、香港、台湾、ミャンマー、マレーシアと拡大し、全46室２５５０席が稼働しています。主なお客様は、現地の企業。スタッフは現地採用して、その国の文化や慣習に合わせたかたちで運営しています。

ＴＫＰの海外展開をどう展開していくか――それはいま、私の頭の中にある大きな経営課題のひとつで、上場を決めたのも、その夢を果たすことが大きな理由のひとつであるからです。これから、ますますＴＫＰの海外進出は勢いづいていきます。皆さんが海外旅行先で、ＴＫＰの赤いフラッグを目にすることが増える日も、そう遠くないと確信しています。

第5章【未来】

まだ見ぬ世界の新しい価値をクリエイトせよ

日本を変えるのは大企業ではなく、ベンチャーマインド

生まれる国や時代は自分で選ぶことはできませんが、私は日本に生まれ、いまこの時代を生きていることをとても幸運だと思っています。

世界から見れば、生活は豊かですし、教育やテクノロジーも行き届いています。また、「おもてなし」に代表されるようにサービスの質やレベルは世界トップクラスです。国内総生産（GDP）で見れば、アメリカ、中国に次ぐ世界第3位。都市別GDPランキングで言えば、東京が世界第1位、大阪が7位に入っています。

ですから、私はビジネスを始めるなら、まず日本で勝負する、日本でトップを取ることに大きな意義があると考えています。それは、サービスや商品の高いクオリティの求められる**日本という国でそれなりの成功を収めることは、世界に出ていくパスポートを手に入れるようなもの**だからです。

同時に、いまは変化のスピードが驚くほど速い時代です。たとえば、かつて日本の花形産業であった家電産業が次々と経営危機に陥っています。昨日まで価値のあったものが、今日は価値のないものに変わっていく時代の潮目にあるのです。

これから日本経済を盛り立てていくとしたら、変化対応力は必要不可欠です。変化対応とはイコール、リスクテイクするということです。**リスクテイクする企業が増えることが、日本の経済や社会をよりよいものに変えていく**と私は確信しています。

その意味では、大企業や行政より意思決定がスピーディーで、ブランド力ではなく実力で勝負を求められるベンチャー企業に一日《いちじつ》の長があると思います。

ＴＫＰがそうであったように、まず日本のルールの中で戦う。そして、世界に出るときは、国や地域のルールに合わせて部分的にローカライズしていけばいい。でも、基本は、日本でつくり上げた商品やサービスが武器になります。**この国で勝ち抜くことは、世界で戦えるだけの力がある**ということなのです。

圧倒的に強いビジネスは「インフラ創出事業」

アマゾンが圧倒的にすごいのは、目指したのはインターネット書店でもなく、スーパーでもなく、「インフラ」だったということです。ワンクリックで、ありとあらゆる商品が自宅まで届くようになりました。蛇口をひねれば水が出てくる水道のようなもので、いまや世界中の多くの人にとってなくてはならない存在になっています。

世の中で何かビジネスを始めるにあたって、インフラ事業ほど強いものはありません。エネルギー、通信、交通機関などは社会にとって欠かすことができないものであり、その業界でシェアを獲得すれば、経営は磐石《ばんじゃく》となり、世の中にも大きく貢献することができるのです。

私がネット証券とネット銀行設立に奔走したのも、「**社会に役立つインフラビジネスをつくりたい**」という思いがあったからです。その後、ネット完結のビジネスではなく、もっとリアルに根ざしたビジネスがしたいと考え、ＴＫＰを起業します。インフラをつくるのは、政府や大企業などの資本力があるところに任せて、私はニッチを探し出して新しいビジネスを立ち上げようと考えたのです。

その後、小さく始めた「貸会議室」というビジネスが成功を収め、弁当・ケータリングやレンタル業、旅行業、宿泊業と周辺ビジネスを取り込みながら、他社の追随を許さないひとつのビジネスモデルをつくり上げました。そして、日常の会議のみならず、株主総会や展示会、入社式、社員研修など、企業活動を支えるサービスをトータルで提供するようになりました。

ふと振り返ってみると、**貸会議室ビジネスの周辺を深掘りしているうちに、いつのまにかB2Bのインフラビジネスへと成長していた**のです。「世の中に役立つ」という方向性を忘れずにコツコツと積み上げていけば、**どんな事業も社会にとって「インフラ」となり得る可能性を秘めている**と思います。

議論を尽くしたとき、アイデアが降りてくる
——TKPの会議術

TKP独自の最強の会議術があります。

最近は、「石のや」で行なわれることが多いのですが、複数の部署やプロジェクトチームごとに部屋を取って、それぞれのテーマのもと、会議をスタートさせるのです。

各チームは、テーマのもとで激しく議論を闘わせていきます。そして、**私はジャッジ役として各部屋を回り、途中経過を見守ったり、助け舟を出したり、課題を与えたりして議論を進めさせていく**のです。

時には、最初に述べた意見と、あえて逆の意見を言うこともあります。なぜなら社員は、社長でありジャッジ役である私の意見に合わせようとしてくることがありますから、そうさせないように一度混乱させて、自分の考えをベースに語ってもらうためです。

議論がうまく進んでいけば、意見が集約していきますから、その時点で、彼らの至った結論をプレゼンテーションさせて、私が最終ジャッジを下します。

チームが至った結論に、NOを突きつけることはあまりありません。少なくとも私が考えるベクトルと方向性が同じで、会社としての許容範囲を越えていなければOKなのです。

極端なことを言えば、会議の結論はAでも、Bでもいいのです。Aの成功率が90％で、Bが10％だったら、当然Aにしなければいけませんが、会議の俎上《そじょう》に載るということは、たいてい45％対55％ぐらいの微妙な差だったりすることが多いのです。その場合、どちらにするかよりも、メンバーがそのテーマについて徹底的に考え、あらゆる意見を交換し、そして、**最終的に同じ方向を向いたというプロセスのほうが大事**なのです。

Aという結論に至ったけれど、あとから考えるとBのほうが確実な方法だったということもあるかもしれません。そうであっても、Aを選んだことに意味があるのです。なぜなら、全員がAを選択する決断をし、そっちがうまくいくと確信したからです。

こうした会議の進め方のアイデアは、私の学生時代の経験に基づいています。慶應大学時代のゼミ合宿がとことんハードでした。お風呂にも入らず、朝までゼミ生同士で議論を闘わせるのです。最初はどうしようもない意見やまとまらない意見で衝突しています。とことん考え、とことん話し合っていくうちに、意識が朦朧としてくるのですが、頭の中のある部分だけは冴えわたっている感覚が生まれます。そんなとき、誰からピカッと光る意見が出てくることがあるのです。

ですから、ＴＫＰのこの会議は、行き詰まっている部署や何か重大な意思決定をしなければならない局面でよく行なわれます。帰りを気にせず、会社という堅苦しい場所ではなく、遠く離れた非日常の場所だから自由闊達な意見も出てきやすいのです。

行き詰まっているチームの部屋に入ると、みんなが一斉にこちらを向き、社長の私に結論を出してほしがっているのが感じ取れることがあります。「社長がこう言ったから」「社長が決めたから」という大義のもと、社員を動かすのはある意味、簡単なことです。しかし、そこに自分たちで決めたという主体性は伴いません。会社の大きな方針は私が責任を持って決断しますが、こと自分たちが主役となる日常業務については、社員たち一人ひとりが考え、決断する力を持ってほしいと考えています。

なぜなら、新しい改善やアイデアのタネは、現場にあるからです。**現場をいちばんよく知っている人こそが「現状を変えるワープ」を起こしやすい**のです。現場の小さな発見や改善はやがて大きなイノベーションにつながっていきます。

会議とは、単なる意思決定や話し合いの場ではなく、参加者の発想力を引き出し、イノベーションを生み出す場でもあるのです。

ですから、ＴＫＰは社内に対しても、もちろんお客様に対しても、最高の会議の場所を提供したいと考えているのです。

組織運営は「屁揚げ」理論で考える

会社が大きくなると、いかにして組織力を高めていくかが経営の大きな課題のひとつになります。会社の規模が大きくなり、社員数が増えるにしたがい、経営者と社員はいかにして志をひとつにできるか――それはどの企業のトップも直面する共通のテーマだと思います。

NTTデータ通信（現・NTTデータ）の初代取締役社長を務め、現在、顧問である木野親之氏から直接、私が薫陶《くんとう》を受けたのは「経営とは凧揚げだ」という理論でした。これは、木野氏が経営の神様と言われる松下電器産業（現・パナソニック）創業者、松下幸之助氏から直接、学んだ理論だそうです。

会社が凧だとすると、凧を揚げるのは社長自身です。凧の骨組みが幹部で、紙は社員、そして、凧と社長をつなぐ糸が経営理念だというのです。凧のしっぽが人事研修で、研修をして会社全体の方向性を合わせるのです。

「凧を上手に揚げるのが経営者の仕事だ」と松下氏は述べたと言います。木野氏はこう尋ねたそうです。「風が吹かないときはどうしたらいいのでしょうか」と。すると、松下氏は「風が吹かなければ、走ればいい」と答えられたそうです。

社員が増えれば、凧は大きくなります。より強い骨組みが必要になります。そして、経営理念である糸が太くしっかりしていなければ、凧は離れていってしまいます。そして、社長が走るのをやめてしまったら、凧は落ちてしまいます。

私の中でパッとそのイメージが広がり、なるほどと思いました。そして、こう考えたのです。社長が自ら走り回るだけではダメだ、と。社長が走るのをやめたら倒産してしまうのでは、個人事業主と同じです。

走るだけでなく、風が吹く場所を見つけるのが経営者の仕事だと考えたのです。次は、どこに風が吹くかを考えるのが戦略で、そのためにどう動くかが戦術です。そして、たえず凧を点検し、風を探してより高く揚がるようにコントロールしていく。それを実行していけば、会社は風に乗って勝手にどんどん上昇し、大きくなるのです。

お金は期待しない、事業には期待する

経営者は金勘定には目ざとくなければいけません。でも、お金に執着してはいけません。お金儲けが上手だと言われることは、経営者にとっては最上の褒め言葉でしょう。しかし、**お金に執着しだしたら最後**だと私は思っています。

世の中のお金の回り方というのは、思ったとおりにはいかないものです。たとえば、ある会社に騙されてお金を多く取られたとします。でも、**そのお金は予期せぬところから思わぬタイミングで、ひょっこりと戻ってくるのです**。経営者になってから、そんな場面に何度も遭遇しています。

ですから、私は日頃からできるだけ周りに気前よくお金を払うようにしています。相手がギリギリのところまで値切ったり、後から難癖をつけて出し渋ったりすれば、あとで必ず自分のところに戻ってくるのです。

結局は、お金はプラスマイナスゼロです。多く出せば多く戻ってくるし、少なく出せば戻りは少ないのです。

新規事業を始めるにあたっては、大きなお金が動きます。しかし、これだけ使ったんだから、元手を取り戻したいとは考えないようにしています。**お金にはあれこれ執着しない、でも事業にはとことん期待する**。それが最終的に、金回りをよくする最善の方法なのではないかという気がしています。

お金は、事業の最終目的ではありません。お金を使って、どんな夢や目標を実現していくか、そのことのほうが私には大きな関心事です。だから、**入ってきたお金は使って、利益を分配し、そして新しいことを始める起爆剤とする**。お金が循環するから、世の中はどんどん豊かになっていくのです。

縦の糸と横の糸を張り巡らし、伸びる組織をつくる

ＴＫＰの黎明期には、浜松町の狭いオフィスに私と20人の社員が顔を見合わせて仕事をしていました。仕事が終われば、老舗の純喫茶店を買い取って始めたカフェで、ビールを飲みながらワイワイと食事する。何か問題が持ち上がれば、目の前の社員からすぐ報告や相談があって、それぞれが意見を言い合いながら解決していったものです。

あれから多くの社員がＴＫＰの仲間に加わって、あの時代のようなフェイス・トゥ・フェイスのコミュニケーションは物理的に難しくなりました。

一人ひとりの社員の顔が見え、社内でそれぞれが与えられた役割を果たしている手応え

を感じられる――そんな会社であることは、成長する企業の条件として欠かせないことだと考えています。それによって現場で起きている問題がすぐにトップに伝えられて問題解決に動く、あるいは、現場から発せられた小さなアイデアが会社全体のイノベーションにつながっていくことは往々にしてあるからです。

社員全員が顔を見合わせて仕事ができなくなった代わりに、ＴＫＰでは**独自のメーリングリスト**を立ち上げました。毎日の日報メールが全社員から上がってきます。本来、日報は直属の上司がチェックするものですが、さらにその上の者にも閲覧できるようにし、隣の部署の上司や、隣の席の同僚も見られるようにしたのです。メールには一日の仕事で気づいた点や提案をなんでも書いてもらうようにしていて、トピックスで色分けするようにしています。レッドは緊急課題、イエローは中長期での課題、グリーンは今日あったいい話、という具合です。社員の報告に対して、私が直接コメントをすることもあります。

縦横のネットワークをつくることで、いま、社内で何が起きているかがつぶさにわかります。**社内の知識や情報を共有して〝組織知〟まで高めることができます**。また、誰が何をやっているかが見えるから、いざ横の連携を取るときにもスピーディーなのです。

目指すはB2Bに特化したミドルクラスの世界的ホテルチェーン

これからのTKPの目標は、日本発の「貸会議室」というビジネスを世界で水平展開することです。国内事業では貸会議室事業からさらに進化させて、「会議・研修」と「宿泊」を融合させたハイブリッド型ホテルの大展開期に入っています。このモデルも併せて、海外進出させていきたいと考えています。ニッチを狙って新たなマーケットを自らつくり、そこでナンバーワンに君臨するのがTKPが得意とする戦略ですから、わざわざ既存のホテルセグメントに入っていくようなことはしません。

いま、ハイエンドからミドルクラスの世界的ホテルチェーンでは、ハイアット、ヒルトン、マリオット、インターコンチネンタルなどがひしめき、さらにセカンドブランドをつくって参入しています。ハイエンドクラスのホテルは宴会場を持っていますが、ミドルクラスにはない。となると、ホテルで企業のイベントをやろうとすると、ハイエンドホテルしか選択肢がなく、ここを貸し切るとなるとかなり高いわけです。そこに、ＴＫＰが入り込む余地があります。

ミドルクラスのセグメントで、貸会議室や宴会場のあるホテルをつくる。この分野は世界的チェーンがないので、ＴＫＰブランドで世界を取れる可能性は十分にあるのです。

本格的な世界進出の足がかりとなるのが、２０１７年3月27日の上場です。上場したことで銀行からの間接金融だけではなく、株式市場からの直接金融で資金を集めることができるようになります。これからのＴＫＰは世界を舞台に、加速度的に成長スピードを高めていくフェーズに突入したのです。

会社の伸びしろは、社長の情報量と思考量で決まる

経営者を目指す人に、知っておいてほしいことがひとつあります。

それは会社の伸びしろは、社長の情報量と思考量で決まる、ということです。つまりは、**会社は社長以上に成長しないし、社員もまた社長以上に成長しない**ということです。

ホテルをつくるにしても、会議室をつくるにしても、**誰よりも現場をいちばん見て回り、誰よりもいちばん考えているのは、社長でなければならない**と私は考えています。

ですから移動中でも、出張中でも、異業種の社長と話をしているときも、あるいは休日

に旅行をしているときにも、頭の片隅では常に会社の新しい課題について答えを追い求め続けています。すると、街の風景の中から、あるいは誰かのひと言から思わぬヒントが見つかります。それを発展させて、応用して、プロジェクトの骨子や部下への指示へとつなげていくのです。**非連続性のところから、共通項やヒントを見つけて事業に結びつけていく**のが私の役割です。

経営者は、分野ごとのプロフェッショナルを周りに集めておけばいいと考える人もいます。プロから知識やアイデアを吸い上げて、経営者はそれを集めて、ジャッジメントをすればいい、と——。私も一度はそういう方法を考えてみたことがありますが、そうやっていたら、つまらない会社ができ上がるだけだという結論に達しました。

それは経営が、結局のところ〝人任せ〟になってしまうからです。「あの人がいいと言うから」「この人の助言に従った」というスタンスで重要な経営方針が決まっていき、やがては会社という生き物に意思がなくなってしまうのです。

社長は常にナンバーワンたれ。ワンマンでなければ、社長は務まりません。しかし、ワンマンも一歩間違えば、単なる独裁者か、老害になります。そうならないために、常に誰よりも勉強し、情熱を注ぎ続けて、最前線にいなければなりません。社員に任せる仕事も、基本は自分ができることを人に任せていくスタンスです。そうやって社長が成長すれば成長した分だけ、会社の未来は広がっていくのです。

運がいいと言われる経営者は、少年の心を持っている

成功するのも半分は運、失敗するのも半分は運です。

どちらも残りの半分は実力です。努力した分、成功することもあるし、手を抜いた分、失敗することもある。しかし、たまたま誰かの紹介で商売が軌道に乗ったり、たまたま取引先が倒産したりという、もはや〝運〟としか言いようのない巡り合わせで、明暗が分かれてしまうことは実際、少なくないのです。

では、運というのは完全なる偶然の産物なのかというと、私はそうではない気がしています。運を引き寄せる気質のようなものがあって、**運に恵まれた人は何をやっても成功す**

るし、何度やってもダメな人はダメなのです。

運を引き寄せる気質とは何か――それをひと言で言うとしたら、「少年のような心」ではないかと私は考えています。

仕事に対する前向きなひたむきさ、アグレッシブさ、チャレンジ精神、そんなまっすぐな少年の心を持っている人間に、人は吸い寄せられるのです。困っていれば、自ずと何か協力したり、チャンスを与えたくなるものです。

一方、なんでも損得勘定だったり、欲張りだったりする人間からは、人は離れていきます。調子がいいときには、商売だと割り切って付き合ってくれるかもしれませんが、いざ不況になったり、トラブルが生じたときに一気に去っていきます。それが傍目《はため》には、「運が悪かった」と結論づけられるだけなのではないでしょうか。

第3章でお話ししたように、TKPは会社が成長途上にあるときからエイチ・アイ・エスの澤田秀雄会長兼社長に社外取締役になっていただき、現在は、シャープの元社長である辻晴雄氏に後を継いでいただいています。人を動かすのは、自分のお金や地位ではありません。私も何者でもなかったときから、一流の経営者のふところに飛び込んで**「経営について教えてほしい」という情熱で味方を増やしていった**のです。そのおかげで、私には、専門分野や経験からさまざまなアドバイスやサジェッションをくださる方々に恵まれるようになったのです。

経営者に必要なのは、世界をクリエイトするアーティスト思考

経営者とアーティスト――真逆の職業だと思われるかもしれません。

しかし、世界をクリエイトするという思考において、実はとても近いものがあると私は感じています。**経営とは、いまこの世の中にないものを生み出す仕事です**。アーティストの表現の場がキャンバスや舞台の上であるなら、経営者の表現の場は社会なのです。

なにより、**経営はインスピレーションが命なのです**。

旅館ビジネスに乗り出すと決めたときも、旅館業についてきちんと勉強したわけでもな

く、旅館で時間を気にせず会議ができて、その合間には温泉や料理を楽しめたら、喜ばれるお客様は多いだろうなという、いわば〝閃き〟からスタートしたのです。

ＴＫＰ本社は市ケ谷駅前のシャープ東京本社だったビルにあります。なぜこの場所に本社を置いたかというと、靖国通りやＪＲからいちばん目につく場所で、ビジネスマンがたくさん訪れるところにＴＫＰの赤いフラッグを目印にしたビルがあったら面白いなと思ったからです。

もっと言えば、**会社は自己実現をする場所なのです**。

自分一人でやれることには限界があるから、会社を使って自己実現ができるのです。法人格を成長させることで、自分をも成長させることができるのです。

それは、一社員であっても同じです。会社という器を利用して、自分のやりたいことを実現すればいいのです。しかし経営者であれば、もっとダイナミックで、スリリングで、何ものにも代えがたいやりがいがあります。

会社＝自分です。そして、会社が成長するたびに、自分が拡大していく感覚を味わうことができるのです。

10年後も生き残る奇跡を「必然」に変える力

10年を超えて続く会社は1割だと言います。ＴＫＰは、その1割に入れただけでなく、10年目の２０１６年2月期には年商１７９億円企業に成長し、２０１７年2月期には年商２１９億円という、常に右肩上がりの成長を続けることができました。

そのいちばんの理由は、お客様に育てられてやってきたということ。それも、お客様に喜んでいただけることを軸に、ひたすらに変化という成長を続けてきたことに尽きると思います。

振り返れば、ＴＫＰの変革は4年周期でやってきました。

２００５年の創業から、４年間はひたすら貸会議室ビジネスで縦方向に成長を続けてきました。そして、２００９年には、より多様なお客様ニーズに応えるために、ハイグレードで大型の「カンファレンスセンター」という〝空間創造〟に乗り出したのです。

さらに2年後の２０１１年は、〝多角化〟を実現した大躍進の年でした。クオリティ・規模ともに最高クラスとなる「ＴＫＰガーデンシティ品川」のオープンから始まり、２０１３年にはニューヨークへの出店、そしてホテル＆リゾート事業開始、料飲事業に本格参入しました。こうした攻めの経営が功を奏して、２０１３年は初めて１００億円を突破し、１２０億円を売り上げました。

そして、２０１７年3月、ついに上場を果たしました。信用力、資金調達力、ブランド力が一気にグレードアップして、さらに事業を拡大する強力なエンジンを手に入れたのです。

次の4年間はさらなる多角化と国際化、そして国内外でのＢ２Ｂのホテルチェーンとしての成長を果たしていくつもりです。世の中のニーズをとらえ、お客様に喜ばれることを第一に、チャレンジし続ける情熱こそがＴＫＰの成長の原動力なのです。

おわりに

私たち日本人は、人がどう思い、どう自分を評価するかをとかく気にしがちです。しかし、人の評価を待つ前に、まずあなた自身が自分を高く評価してほしいと思います。「自分はやれば、すごいんだ」「こう見えても高いポテンシャルがある人間だ」という揺るがぬ自己肯定感が、実は人生で成功するうえでとても大切なのです。

その自信こそが、尻込みしそうな挑戦をするときや千載一遇のチャンスが巡ってきたとき、一歩を踏み出す意欲や勇気を与えてくれるからです。

自分はできる――そのつもりで挑んで、失敗することもあるでしょう。私も学生時代からここでは書けないような赤恥の失敗をたくさん重ねてきました。社会人になってからも、そして経営者になってからも、たくさんの失敗をしてきました。

しかし、失敗したからこそ、痛みや乗り越え方がわかるし、心の強さだけは鍛錬されてきたと思います。また、何度失敗しても、たった一度の大勝利で全部それが引っくり返る、そんな大逆転も味わってきました。

そして、面白いことに、あとになって失敗エピソードほど、人に語って楽しめるネタはないのです。何年か経ってみると、失敗の中でもがいていた自分は、キラキラしていたな、がむしゃらに生きていたなと感慨にふけることすらあるのです。

失敗しても挑戦し続ければ、いつかは勝ちも巡ってくるのです。しかも、その間の失敗の数々はあとで笑うネタになるのですから、どちらに転んでも挑戦し続けることは、人生をよりエキサイティングで楽しいものにしてくれます。

本書を通じて、新たな一歩を踏み出す方が一人でも多からんことを願ってやみません。

二〇一七年七月

株式会社ティーケーピー代表取締役社長　河野貴輝

［著者］
河野貴輝（かわの・たかてる）
株式会社ティーケーピー代表取締役社長。1972年大分県生まれ。1996年慶應義塾大学商学部卒業後、伊藤忠商事株式会社為替証券部を経て、日本オンライン証券株式会社（現・カブドットコム証券株式会社）、イーバンク銀行株式会社（現・楽天銀行株式会社）の立ち上げに参画。最先端のITと金融事業を経験し、イーバンク銀行では執行役員営業本部長などを歴任。
2005年8月15日株式会社ティーケーピーを設立し、代表取締役社長へ就任。空間シェアリングビジネスの先駆けとして、独自のインフラネットワークを構築しながら現在国内外1,800室、13万席を超える直営会議室を運営するまでに規模を拡大させ、そして2017年3月に東京証券取引所マザーズ市場へ上場。
多様化するお客様のニーズに対応するため、貸会議室事業から派生する料飲・ケータリングやレンタル、ハイブリッドな宿泊施設の運営事業なども展開し、「空間再生流通企業」として、高付加価値な空間の提供でさらなる成長を目指す。

起業家の経営革命ノート
——TKP式成長メソッドの秘密

2017年8月2日　第1刷発行
2024年3月15日　第6刷発行

著　者——河野貴輝
構　成——麻生泰子
発行所——ダイヤモンド社
〒150-8409　東京都渋谷区神宮前6-12-17
https://www.diamond.co.jp/
電話／03･5778･7235（編集）　03･5778･7240（販売）

装丁————竹内雄二
本文レイアウト—布施育哉
製作進行——ダイヤモンド・グラフィック社
印刷————新藤慶昌堂
製本————ブックアート
編集担当——久我 茂

ISBN 978-4-478-10243-5